21世纪电子商务技能培训
实战规划教材

电子商务基础
实|训|教|程

胡龙玉　杨万娟◎主　编
李嘉尉　刘　念◎副主编

Basic Practical
Training Course
for E-commerce

北京大学出版社
PEKING UNIVERSITY PRESS

内 容 简 介

本书作为一本电子商务基础与运营的教学用书,一切从实际应用出发,系统地介绍了电子商务及网上开店的基础知识,以行业实战应用为学习目标,全面讲解了电子商务运用过程中一些必备的实战技能。

本书一共包含 8 个项目,内容包括初识电子商务、网上开店、网店后台基础设置、网店商品的发布和管理、网店活动营销、网店推广工具、电商数据与数据分析、其他电商平台简介。每个项目中都包含课前导学、课堂实训及课后习题等内容板块,帮助读者明确学习目标,熟练掌握每个项目的知识和技能。

本书由多年从事电子商务教学的一线知名教师主编,具有很强的针对性和实用性,且结构严谨、叙述清晰、内容丰富、通俗易懂。本书是专为高等职业院校和大学本科院校电子商务专业课程设计的基础与行业实训的精品教材,并得到众多院校教师的一致好评。同时,本书还可以作为电子商务相关专业的实战教材和电子商务培训班的学习手册。

图书在版编目(CIP)数据

电子商务基础实训教程 / 胡龙玉,杨万娟主编;李嘉尉,刘念副主编. — 北京:北京大学出版社,2023.7

ISBN 978-7-301-33922-0

Ⅰ.①电… Ⅱ.①胡… ②杨… ③李… ④刘… Ⅲ.①电子商务 – 教材 Ⅳ.①F713.36

中国国家版本馆CIP数据核字(2023)第061877号

书　　　名	**电子商务基础实训教程**	
	DIANZI SHANGWU JICHU SHIXUN JIAOCHENG	
著作责任者	胡龙玉　杨万娟　主　编	
	李嘉尉　刘　念　副主编	
责 任 编 辑	王继伟	
标 准 书 号	ISBN 978-7-301-33922-0	
出 版 发 行	北京大学出版社	
地　　　址	北京市海淀区成府路205号　100871	
网　　　址	http://www.pup.cn　　新浪微博:@北京大学出版社	
电 子 信 箱	编辑部 pup7@pup.cn　总编室 zpup@pup.cn	
电　　　话	邮购部 010-62752015　发行部 010-62750672　编辑部 010-62570390	
印　刷　者	三河市博文印刷有限公司	
经　销　者	新华书店	
	787毫米×1092毫米　16开本　14.5印张　349千字	
	2023年7月第1版　2023年7月第1次印刷	
印　　　数	1–3000册	
定　　　价	59.00元	

未经许可,不得以任何方式复制或抄袭本书之部分或全部内容。
版权所有,侵权必究
举报电话:010-62752024　电子信箱:fd@pup.pku.edu.cn
图书如有印装质量问题,请与出版部联系,电话:010-62756370

前言 PREFACE

如果您是电子商务运营的初学者,本书是您入门的良师;如果您是中级用户,本书会让您进一步提高操作技巧;如果您想要尝试网上开店,从事电子商务运营的相关工作,本书对您会有极大的帮助;如果您是教师,这一定是让您满意的教材。

本教程能帮助您在轻松愉快的环境中尽快掌握电子商务运营的基础知识和实战操作技能。项目化任务驱动式教学方法是本教程的最大特点。每当在教程的引导下完成一个任务以后,您会觉得网上开店和电子商务运营并非深不可测,若果真如此,就请您向您的朋友们推荐本书吧!

本教程以【项目导入】+【学习目标】+【课前导学】+【课堂实训】+【项目评价】+【思政园地】+【课后习题】的方式组织教学。结合电子商务的实际应用,本书共分8个项目。项目一,带领大家初识电子商务;项目二,主要介绍网上开店的准备工作,以及网店的注册与开通;项目三,主要讲解网店后台基础设置;项目四,主要讲解网店商品的发布和管理;项目五,主要讲解网店活动营销的相关知识;项目六,主要讲解网店推广工具;项目七,主要讲解电商数据与数据分析;项目八,主要介绍其他电商平台。

本书内容涵盖了电子商务运营的相关概念、操作步骤和实战技巧,内容全面,循序渐进,典型实用,可以帮助您在最短的时间内熟练地掌握电子商务运营的基础知识,助力网店销售额的快速增长。

在内容编排上,本教程充分体现了以实际操作技能为本位的思想,在每一个项目中都设计了可操作性强的课堂实训任务,将基础知识与实战操作相结合,总结和强化所学的知识要点。

本书由多年从事电子商务教学的一线知名教师主编(主编:胡龙玉、杨万娟;副主编:李嘉尉、刘念;参编:邹瑞、韩曾、贺人梅、李慧),具有很强的针对性和实用性。本书是专为高等职业院校和大学本科院校电子商务专业课程设计的基础与行业实训的精品教材,并得到众多院校教师的一致好评。同时，为了方便教师的教学，本书不仅配套了**教学大纲**，还配套了**电子教案和2套题库**。另外，本书还可以作为电子商务相关专业的实战教材和电子商务培训班的学习手册。

  温馨提示：本书所涉及的课后习题答案、教学大纲、电子教案和2套题库已上传到百度网盘，供读者下载。请读者关注封底"博雅读书社"微信公众号，找到"资源下载"栏目，根据提示获取。

目录 CONTENTS

项目一 初识电子商务 ... 1

- 项目导入 ... 1
- 学习目标 ... 1
- 课前导学 ... 2
  - 1.1 什么是电子商务 ... 2
    - 1.1.1 电子商务及电子商务运营的概念 ... 2
    - 1.1.2 常见的电子商务平台及特征 ... 3
    - 1.1.3 电子商务的功能 ... 9
  - 1.2 电子商务企业的组织架构 ... 10
    - 1.2.1 电子商务企业组织架构的3个特征 ... 11
    - 1.2.2 常见的电子商务企业组织架构 ... 11
  - 1.3 电子商务的系统组成与运营模式 ... 14
    - 1.3.1 电子商务的系统组成 ... 14
    - 1.3.2 电子商务的运营模式 ... 16
  - 1.4 电子商务法律法规及安全问题 ... 18
    - 1.4.1 电子商务法律法规概述 ... 18
    - 1.4.2 电子商务立法的基本原则 ... 19
    - 1.4.3 电子商务信息安全问题 ... 20
    - 1.4.4 常用电子商务安全技术 ... 21
    - 1.4.5 电子商务安全协议 ... 27
- 课堂实训 ... 29
  - 任务一 ▶ 辨别电子商务企业 ... 29
  - 任务二 ▶ 设计电子商务企业组织架构图 ... 31
- 项目评价 ... 32
- 思政园地 ... 32
- 课后习题 ... 33

项目二 网上开店 ………………………………… 36

- 项目导入 …………………………………………………… 36
- 学习目标 …………………………………………………… 36
- 课前导学 …………………………………………………… 37
  - 2.1 ▶ 网上开店的准备工作 …………………………… 37
    - 2.1.1 选择合适的店铺类型 …………………… 37
    - 2.1.2 了解网上开店的流程 …………………… 38
    - 2.1.3 准备网上开店所需的资质材料 ………… 40
  - 2.2 ▶ 网上开店必备的硬件和软件 …………………… 41
    - 2.2.1 硬件要求 ………………………………… 41
    - 2.2.2 软件要求 ………………………………… 42
  - 2.3 ▶ 网店的注册与开通 ……………………………… 43
- 课堂实训 …………………………………………………… 46
  - 任务 ▶ 通过电商平台的官方网站查询网店的开设条件和要求 …… 46
- 项目评价 …………………………………………………… 47
- 思政园地 …………………………………………………… 48
- 课后习题 …………………………………………………… 49

项目三 网店后台基础设置 ………………………… 51

- 项目导入 …………………………………………………… 51
- 学习目标 …………………………………………………… 51
- 课前导学 …………………………………………………… 52
  - 3.1 ▶ 店铺基本设置 …………………………………… 52
    - 3.1.1 店铺基本设置入口 ……………………… 52
    - 3.1.2 店铺信息设置的规范 …………………… 53
  - 3.2 ▶ 商品分类设置 …………………………………… 54
  - 3.3 ▶ 运费模板设置 …………………………………… 55
    - 3.3.1 包邮的定义 ……………………………… 56
    - 3.3.2 运费模板的创建 ………………………… 56
  - 3.4 ▶ 子账号设置 ……………………………………… 59
    - 3.4.1 子账号的概念和作用 …………………… 59
    - 3.4.2 子账号创建过程中的常见问题 ………… 59
    - 3.4.3 子账号的设置步骤 ……………………… 60
- 课堂实训 …………………………………………………… 62

任务一 ▶ 对某女装淘宝店进行店铺基本设置 ············· 62
任务二 ▶ 不同岗位子账号的创建、权限设置及客服分流 ············· 63
任务三 ▶ 不同情况下运费模板的创建 ············· 65

项目评价 ············· 70

思政园地 ············· 71

课后习题 ············· 71

项目四 网店商品的发布和管理 ············· 74

项目导入 ············· 74

学习目标 ············· 74

课前导学 ············· 75

4.1 ▶ 网店货源的选择 ············· 75

4.2 ▶ 商品的发布 ············· 77

4.2.1 发布商品前的准备工作 ············· 77

4.2.2 商品发布的入口与操作流程 ············· 80

4.2.3 商品类目的选择方法 ············· 82

4.2.4 1688一键铺货 ············· 84

4.3 ▶ 商品管理 ············· 86

4.3.1 商品管理的后台操作路径 ············· 86

4.3.2 查找商品的操作方法 ············· 87

4.3.3 商品编辑的操作方法 ············· 88

4.3.4 商品上下架的操作方法 ············· 88

4.3.5 商品单个删除与批量删除的操作方法 ············· 91

4.4 ▶ 订单管理 ············· 91

4.4.1 查看订单 ············· 91

4.4.2 订单发货流程 ············· 92

4.4.3 批量发货流程 ············· 94

4.4.4 订单退款的处理 ············· 95

4.4.5 订单评价管理 ············· 97

课堂实训 ············· 100

任务一 ▶ 发布一款商品 ············· 100

任务二 ▶ 产生订单并管理订单 ············· 104

项目评价 ············· 107

思政园地 ············· 108

课后习题 ············· 109

项目五 网店活动营销 ································ 112

- 📋 项目导入 ································ 112
- 📖 学习目标 ································ 112
- 💻 课前导学 ································ 113
  - 5.1 ▶ 了解不同平台的促销活动 ················ 113
    - 5.1.1 营销活动的魅力所在 ················ 113
    - 5.1.2 淘宝、天猫平台活动 ················ 114
    - 5.1.3 京东平台活动 ···················· 115
    - 5.1.4 拼多多平台活动 ·················· 115
  - 5.2 ▶ 热门活动的玩法及介绍 ················ 116
    - 5.2.1 聚划算 ·························· 116
    - 5.2.2 淘金币 ·························· 118
    - 5.2.3 天天特卖 ························ 118
    - 5.2.4 "双11"活动 ····················· 119
    - 5.2.5 限时秒杀 ························ 121
    - 5.2.6 百亿补贴 ························ 121
    - 5.2.7 报名平台活动 ···················· 122
  - 5.3 ▶ 借助官方营销工具设置店铺活动 ········· 123
    - 5.3.1 常见的店铺活动 ·················· 124
    - 5.3.2 常见的折扣方式 ·················· 125
    - 5.3.3 单品宝的设置 ···················· 126
    - 5.3.4 搭配宝的设置 ···················· 129
    - 5.3.5 店铺宝的设置 ···················· 132
    - 5.3.6 优惠券的设置 ···················· 135
- 🏛 课堂实训 ································ 140
  - 任务 ▶ 店铺基本营销工具设置 ················ 140
- 🖥 项目评价 ································ 144
- 📚 思政园地 ································ 144
- 💡 课后习题 ································ 145

项目六 网店推广工具 ································ 147

- 📋 项目导入 ································ 147
- 📖 学习目标 ································ 147
- 💻 课前导学 ································ 148

6.1 ▶ 认识付费推广 ... 148
6.1.1 商品需要付费推广吗 ... 148
6.1.2 淘宝、天猫平台常见的付费推广 ... 149
6.1.3 拼多多平台常见的付费推广 ... 150

6.2 ▶ 淘宝/天猫直通车 ... 150
6.2.1 直通车展位 ... 151
6.2.2 直通车的扣费 ... 152
6.2.3 直通车的基础设置 ... 153

6.3 ▶ 引力魔方 ... 156
6.3.1 引力魔方简介 ... 156
6.3.2 引力魔方展位 ... 156
6.3.3 引力魔方的基础设置 ... 157

6.4 ▶ 极速推 ... 158
6.4.1 极速推简介 ... 158
6.4.2 极速推的基础设置 ... 158

6.5 ▶ 万相台 ... 160
6.5.1 万相台简介 ... 160
6.5.2 万相台的基础设置 ... 161

6.6 ▶ 淘宝客 ... 164
6.6.1 淘宝客简介 ... 164
6.6.2 淘宝客的基础设置 ... 165

课堂实训 ... 167
任务 ▶ 创建引力魔方推广计划 ... 167

项目评价 ... 172

思政园地 ... 172

课后习题 ... 173

项目七 电商数据与数据分析 ... 175

项目导入 ... 175

学习目标 ... 175

课前导学 ... 176

7.1 ▶ 认识电商数据 ... 176
7.1.1 电商数据的特征 ... 176
7.1.2 电商数据分析对店铺的作用 ... 176

7.2 ▶ 电商数据分析的指标、方法和常用工具 ... 178
7.2.1 数据分析的指标 ... 178

7.2.2 数据分析的方法 180
7.2.3 数据分析的常用工具 183
7.3 ▶ 电商数据分析的重要指标 187
7.3.1 流量 187
7.3.2 转化率 188
7.3.3 销售额 191

课堂实训 193
任务 ▶ 分析电商数据 193

项目评价 194

思政园地 194

课后习题 195

项目八 其他电商平台简介 …………198

项目导入 198

学习目标 198

课前导学 199

8.1 ▶ 认识跨境电商平台 199
8.1.1 跨境电商的特征 199
8.1.2 我国跨境电商的现状 202
8.1.3 我国跨境电商支付业务管理缺陷及操作瓶颈 203
8.1.4 跨境电商的分类及代表企业 204

8.2 ▶ 认识新媒体电商平台 206
8.2.1 新媒体电商平台的发展历程 207
8.2.2 新媒体电商的特点 207
8.2.3 新媒体运营的思维 208
8.2.4 新媒体电商平台 210
8.2.5 选择新媒体平台 215

课堂实训 216
任务 ▶ 传统电商平台和新媒体电商平台的商品特征分析 216

项目评价 218

思政园地 219

课后习题 220

项目一

初识电子商务

项目导入

前世界首富比尔·盖茨曾说:"21世纪要么电子商务,要么无商可务。"阿里巴巴创始人马云也曾说:"现在你不做电子商务,五年之后你必定会后悔。"二人的话虽然有些绝对,但也反映了未来的趋势。传统商城的销售正在被电子商务分流,电子商务未来会代替一部分传统商城的功能。就目前的形势来看,电子商务引导全球经济市场已是大势所趋。

随着传统市场竞争的逐渐增大,众多企业纷纷进军电子商务行业,开辟新的增长极,挖掘盈利点。正如互联网"大佬"们所预见的一样:未来的电子商务一定是中国互联网的最主流应用。

未来社会,只要有网络、有经济,就会有电子商务,三者相互依存,相互促进。随着时代的发展和科技的进步,电子商务的整个运营体系将越来越科学和完善,更加方便人类的生活。

本项目将带领大家认识电子商务领域,了解什么是电子商务、电子商务运营、电子商务功能、电子商务法律法规等相关知识。

学习目标

知识目标

1. 学生能够说出电子商务及电子商务运营的概念。
2. 学生能够辨别不同电子商务平台的特征。
3. 学生能够描述电子商务的功能。
4. 学生能够说出电子商务安全的法律保障问题。
5. 学生能够实践电子商务企业组织架构的方法。
6. 学生能够分析电子商务行业规划。

能力目标

1. 学生能够通过网络搜集资料，辨别哪些属于电子商务平台。
2. 学生能够通过搜集到的网络资料，分析、归纳和总结淘宝、天猫、京东等电子商务平台的特征。
3. 学生能够根据要求设计电子商务企业组织架构图。
4. 学生能够对电子商务行业规划进行分析，并提出自己的见解。

素质目标

1. 学生具备敏锐的洞察力。
2. 学生具备良好的分析能力和归纳总结能力。
3. 学生具备独立思考能力和创新能力。

课前导学

1.1 什么是电子商务

电子商务是指在互联网环境下，基于浏览器/服务器应用方式，买卖双方不谋面地进行各种商贸活动，实现消费者的网上购物、商户之间的网上交易和在线电子支付及各种商务活动、交易活动、金融活动和相关综合服务活动的一种新型商业运营模式。简单来说，电子商务就是传统商业活动各环节的电子化、网络化和信息化，一切以互联网为媒介的商业行为均属于电子商务的范畴。

随着国内互联网使用人数的增加，利用互联网进行网络购物并以银行卡付款的消费方式已渐趋流行，市场份额也在迅速增长，各种类型的电子商务网站层出不穷。

1.1.1 电子商务及电子商务运营的概念

互联网的飞速发展，催生了基于互联网的电子商务，以淘宝、京东等网络购物平台的迅速崛起和网络购物在消费者中盛行为显著特征。下面就为大家详细介绍一下电子商务及电子商务运营的概念。

1. 什么是电子商务

电子商务（Electronic Commerce）是一个不断发展的概念，最早由IBM公司于1996年提出，仅指在互联网上开展的交易或与交易有关的相关活动。如今，电子商务主要是指利用信息技术使整个商务活动实现电子化，包括利用互联网、内联网和外联网等网络形式进行的商务活动。简单来说，电子商务实际就是将所有的商务活动业务流程电子化，如网络营销、电子支付等外部业务流程，以及企业资源规划、客户关系管理和人力资源管理等内部业务流程。

另外，电子商务的概念还有广义和狭义之分。广义的电子商务（E-Business，EB）是指利用各种电子工具从事的与商务有关的活动；狭义的电子商务（E-Commerce，EC）是指人们利用互联网进行的与商务有关的活动。

2. 什么是电子商务运营

在电子商务领域中，商家通常需要主动寻找消费者，并根据消费者需求组织后端资源，把商品销售给消费者。所以，电子商务运营需要从消费者的角度出发，分析市场和消费者的需求，做好商品和服务，并将企业信息传递给更多的人群，从而吸引更多消费者主动上门，为企业创造利润。

电子商务运营是一项综合性的工作，涵盖面较广，其工作内容主要包括以下几个方面。

- 负责店铺整体规划、营销推广、客户关系管理、制订销售计划等系统经营性工作。
- 负责店铺日常的商品上下架、推广、销售、仓储物流管理等工作。
- 负责店铺日常维护，保证店铺的正常运作，分析店铺经营数据并进行优化。
- 负责撰写并发布新媒体平台的营销内容，并维护粉丝数量。
- 负责收集市场和行业信息，提供有效的应对方案。

1.1.2 常见的电子商务平台及特征

目前，国内常见的电子商务平台包括淘宝网、天猫商城、京东商城、拼多多及抖音电商等，下面分别针对这些常见的电子商务平台进行介绍。

1. 淘宝网

淘宝网由阿里巴巴集团控股有限公司（以下简称"阿里巴巴"）在 2003 年 5 月创立，是我国消费者规模较大的网络购物零售平台。自创建以来，随着规模的不断扩大和消费者数量的快速增加，淘宝网逐渐发展为集消费者对消费者（Consumer to Consumer，C2C）贸易、团购、分销、拍卖等多种电子商务模式于一身的综合性零售商圈。淘宝网首页如图 1-1 所示。

图 1-1　淘宝网首页

作为电子商务巨头阿里巴巴旗下的平台,淘宝网是很多人心目中"网购"的代名词,因此该平台拥有非常明显的流量优势。而且淘宝网的商家入驻门槛较低,开通个人店铺只需要申请人提供个人身份证,缴纳少量保证金即可。同时,淘宝网的审核机制也没有那么严格,是实力较为薄弱的个人商家和中小商家在网上开店的首选平台。

此外,在淘宝网上进行店铺经营和商品销售的操作也比较简单,并且淘宝网会通过"淘宝教育"(原"淘宝大学")电子商务在线培训服务平台,为商家提供专业、全面的店铺运营指导。"淘宝教育"首页如图1-2所示。

图1-2 "淘宝教育"首页

2. 天猫商城

天猫商城是阿里巴巴旗下的一家企业对消费者(Business to Consumer,B2C)贸易的电子商务网站,是我国主要的第三方品牌及零售平台。天猫商城整合了众多品牌商和生产商,为消费者提供"100%品质保证""7天无理由退货"及购物积分返现等服务,其中天猫国际还为国内消费者直供海外原装进口商品。天猫商城首页如图1-3所示。

图1-3 天猫商城首页

天猫商城与淘宝网同属于阿里巴巴，与淘宝网相比，天猫商城主要具有如下特征。

相比于入驻淘宝网，入驻天猫商城的商家可以获得更多的扶持，如平台流量会更多地向天猫商城商家倾斜。同时，天猫商城的评分体系中没有差评，消费者在浏览商品评价时，无法专门筛选查看差评，这对商家而言是较为有利的。

天猫商城中聚集了大量的知名品牌旗舰店、品牌授权专卖店，在很多消费者心目中，入驻天猫商城的商家经营的商品都是正品，有正规的进货渠道，出现假冒伪劣商品的情况较少。

但是，天猫商城的准入门槛较高，商家必须以企业的名义入驻天猫商城。而且入驻天猫商城，商家还需要缴纳较高的保证金和软件服务年费等费用。在天猫商城平台中，不同的店铺类型、经营类目、商家权利类型所缴纳的资费不同。例如，在天猫商城中经营一家持R标的女装旗舰店需要缴纳的相关资费如图1-4所示。

图1-4　经营一家持R标的女装旗舰店需要缴纳的相关资费

> 提示　R标是"注册商标"的标志，表示的是该商标已在国家商标局进行注册申请并已经商标局审查通过，成为注册商标，属于注册商标所有人所独占，受法律保护；TM标是"正在注册中的商标"的标志，表示的是该商标已经向国家商标局提出申请，进入了商标审核阶段，这样就可以防止其他人提出重复申请，也表示现有商标持有人有优先使用权。简单地说，就是R标是注册成功的商标，TM标是尚未注册成功的商标。不论是R标还是TM标都可以入驻天猫商城，只不过在入驻流程和资费缴纳方面会有一些区别。

3. 京东商城

京东商城隶属于北京京东世纪贸易有限公司（以下简称"京东"），是国内最大的自营式网上购物商城。京东商城中囊括了许多知名品牌的商品，涵盖电脑、手机、家电、服装、家居用品、书籍及虚拟商品等多个类目。京东商城首页如图1-5所示。

图 1-5　京东商城首页

随着京东的稳步发展，京东商城建立了北京、上海、广州、成都等地的物流平台，为全国用户提供更快、更便捷的配送服务，多地实现了当日购当日达。京东商城旨在第一时间为消费者提供优质的商品及服务。

京东商城主要有 3 种运营模式，分别是京东自营模式、POP 模式及京喜合作模式，如图 1-6 所示。

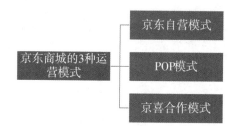

图 1-6　京东商城的 3 种运营模式

（1）京东自营模式

京东自营模式是指京东官方采购部门直接采购商家的产品到京东各大仓（邀约式入驻），由京东官方来完成商家在京东商城上的店铺开通、活动推广和商品销售。商家只需要把自己的产品供货到京东各大仓，同时在后期需要配合京东官方完成相关商品的运营工作。

（2）POP 模式

POP（Platform Open Plan，平台开放计划）模式是一种由第三方商家入驻京东商城，进行自我管理和运营的商家合作模式。在京东商城 POP 模式下，商家能拥有一个独立操作的后台，并根据所选择的商业合作模式享受京东商城提供的众多服务，如京东的仓储配送、客服、退换货、自提货等，可以有效提升消费者的网购体验，进而提升店铺的好评度和营业额。

（3）京喜合作模式

京喜是京东旗下的全域社交电商平台，覆盖微信小程序、京喜 App 等拼购场景，流量潜力巨大。相对于京东商城，京喜平台利用流量与价格优势抢占三、四线城市市场，适合小商家入驻。京喜平台提供了代入驻、代运营等服务，能使商家快速入驻、6 小时通过审核、享受超低折扣点，同时还能帮助没有运营能力的小商家进行专业运营。京喜微信小程序首页如图 1-7 所示。

> **提示** 代运营是基于商家对电子商务的需求衍生出来的一种商业服务，能够帮助商家以更专业的手段进行店铺的管理与运营，提高工作效率、降低成本，满足商家对拓展电子商务战略的需求。代运营的内容主要包括电子商务战略咨询、渠道规划、平台设计与建设、网站推广、营销策划、数据分析、客户关系管理、商品管理等。

4. 拼多多

拼多多成立于 2015 年 9 月，是一家以"拼购"模式为主的第三方社交电子商务平台，该平台致力于为广大消费者提供物超所值的商品和有趣的互动购物体验。拼多多主要专注于移动端，其 App 首页如图 1-8 所示。消费者通过拼多多的商品链接，可与朋友、家人、网友等以更低的价格拼团购买优质商品。如图 1-9 所示，拼多多上的很多商品都可以通过"去拼单"或"发起拼单"，以低于商品正价的价格买到商品。

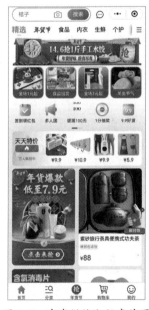

图 1-7 京喜微信小程序首页

图 1-8 拼多多 App 首页

图 1-9 拼多多商品拼单页面

目前，拼多多平台覆盖的商品品类包括快消、3C（计算机、通信和消费类电子产品）、家电、生鲜、家居家装等。拼多多采用"拼购"模式，利用低价策略及人脉裂变式传播取得了惊人的发展。2018 年 7 月，拼多多在美国纳斯达克证券交易所正式挂牌上市。

同时，拼多多采用的是消费者对工厂（Consumer to Manufacturer，C2M）这种新型的电子商务模式，使消费者与工厂直接产生联系，通过去除所有中间流通加价环节来为消费者提供高品质、低价格、个性化的商品。C2M 模式颠覆了从工厂到消费者的传统零售思维，反过来由消费者需求驱动生产，以电子商务平台为中介进行反向订购，即消费者订购多少，工厂就生产多少，由此大大降低工厂的库存成本，同时惠及消费者。

对于商家而言，入驻拼多多有以下几个优势。

- 拼多多目前广受下沉市场消费者的欢迎，平台上聚集了大量的流量，且拼多多的"拼购"模式能帮助商家进一步获取更多流量。
- 拼多多平台针对商家坚持"0佣金"和"0平台服务年费"的政策，入驻商家可以节约大量的运营成本。
- 商家入驻与发布商品时不需要足额支付保证金，但在缴存足额保证金之前，店铺将在提现、报名参加活动、发布商品货值及库存限额等方面受到一定的限制。
- 拼多多消费者更关注商品的实用性和价格，在审美喜好方面较为朴素，因此商家在主图和详情页设计方面可以节省一大部分精力，相应的美工、拍摄成本也会大大降低。

5. 抖音电商

抖音电商，简单地说就是利用抖音进行电子商务交易。抖音作为一款非常优秀的短视频软件，凭借其超高的日活跃用户量和超强的带货能力，成了内容电子商务领域的典型代表。抖音官方将抖音电商定义为"兴趣电商"，即一种基于人们对美好生活的向往，满足用户潜在购物兴趣，提升消费者生活品质的电商。

入驻抖音电商以后，商家可以在抖音直播间或发布的短视频作品中添加购物车，消费者只需点击购物车即可跳到商品购买页面，下单完成后，消费者又可以直接返回抖音直播间或视频页面继续观看直播或浏览视频，如图1-10所示。

2022年5月31日，抖音电商第二届生态大会上，抖音官方将"兴趣电商"升级为"全域兴趣电商"，通过覆盖用户全场景、全链路的购物需求，满足用户对美好生活的多元需求；通过短视频和直播内容、商城、搜索等多场域协同互通，为商家生意带来新增长。抖音商城首页如图1-11所示。

图 1-10 抖音短视频作品中的商品链接及商品购买页面

图 1-11 抖音商城首页

在这个"流量为王"的时代，抖音电商平台拥有着其他电商平台无可比拟的流量优势，所以它的商业价值也逐渐被越来越多的电商商家所认可。很多电商商家纷纷从传统电商平台转战抖音电商平台，利用短视频和直播进行品牌推广和商品销售，并从中取得了相当不错的成绩。相较于其他电商平台，抖音电商平台主要具有以下几个优势。

- 品牌传播能力强：短视频中不仅包含了文字、图片，还有语音和视频，使内容生动有趣，浸入生活的各个角落，能够将品牌场景化，因此用户心里更容易产生认同感，也更有利于品牌传播。
- 流量巨大：2022 年抖音的总用户数量已超过 8 亿，日活跃用户数突破 7 亿，人均单日使用时长超过 2 小时，可见流量的基础体量巨大。
- 智能推送：抖音电商平台拥有强大的机器智能算法机制，能够根据用户画像和地点实现个性化推送，这样的推送可以减少无效受众，从而达到更好的广告效果。
- 视频传播能力强：由于短视频内容新鲜有趣、贴近生活，因此很容易得到大众的自发传播。
- 用户转化率高：转化能力可以简单理解为变现能力。抖音电商平台不仅拥有着巨大流量，变现能力也非常强。据统计，直播带货整体转化率为 20%，与传统电商相比上升了好几倍。

除此之外，抖音电商还有一个非常明显的特质，就是"快"，快速地制造爆款，快速的产品换代，快速的资金周转，可以说抖音电商的秘诀就是唯快不破。

1.1.3 电子商务的功能

电子商务可提供网上交易和管理等全过程的服务。因此，它具有广告宣传、网上订购、咨询洽谈、网上支付、电子账户、物流配送、信息反馈、交易管理等功能，如图 1-12 所示。

图 1-12 电子商务的功能

1. 广告宣传

电子商务可凭借企业的 Web 服务器和客户的浏览器，基于 WWW 的超文本链接与超媒体技术，在互联网上发布各类商业信息。客户可借助网上的检索工具（Search）迅速地找到所需商品信息，而商家可利用网页和电子邮件（E-mail）在全球范围内做广告宣传。

与以往的各类广告相比，网上广告可以根据更精细的个性差别将消费者进行分类，分别传递不同的广告信息；网上广告利用先进的虚拟现实界面设计来使受众达到身临其境的感觉；网上广告的成本非常低廉，但却能给客户带来最为丰富的信息量，极具诱惑力。

2. 网上订购

随着 Web 技术与电子商务系统的发展与完善，网上购物已日趋普及。电子商务可借助 Web 中的邮件交互传输实现网上订购。就主体而言，利用先进的网络通信与计算机三维图形技术，构成一个虚拟而逼真的动态网上商城，用户足不出户便能"逛商城"与"货比三家"，可全方位、全天候、便捷地选购商品。然后通过商品页面中提供的订购提示信息和交互式订购表单进行订购，订购信息也可采用加密的方式使客户和商家的信息免于泄露。目前，在网上订购已成熟地付诸应用。

3. 咨询洽谈

电子商务客户可借助电子邮件、新闻组、实时讨论组与系统内的专业数据库网站来了解市场和商品信息，洽谈交易事务，如有进一步需求，还可用网上的白板会议来交流即时的图形信息。网上的咨询和洽谈能超越人们面对面洽谈的限制，提供多种方便的异地交谈形式。

4. 网上支付

电子商务要成为一个完整的交易过程，网上支付是最重要的一个环节。客户和商家可用信用卡账号进行网上支付。在网上直接采用电子支付可省去交易中很多不必要的人工开销。网上支付也能更安全、更可靠地控制传输信息，以防止欺骗、窃取、冒用等非法行为。

5. 电子账户

网上支付必须有电子金融系统来支持，即通过银行、信用卡公司及保险公司等金融单位，为电子商务企业提供网上金融操作服务，其中电子账户管理是最基本的组成部分。信用卡卡号或银行账号都是电子账户的一种标志，其可信度需配以必要的技术措施来保证，如数字凭证、数字签名、身份认证和加密等。

6. 物流配送

对于已付款的客户，应将其订购的货物尽快地传递到他们手中，以完成电子商务下的物流配送。最适合在网上直接传递的货物是信息产品（如软件、电子读物、信息服务等），对于该类货物不管是本地还是异地，都能通过电子邮件等方式直接从电子仓库中将其发送到用户端，实施物流的调配。

7. 信息反馈

电子商务能十分方便地采用网页上的表单来收集用户对商品、服务的反馈意见，从而帮助企业在市场运营、供应链等环节形成一个闭环。客户的反馈意见不仅能提高售后服务的水平，也可使企业获得改进产品、发现市场的商业机会。

8. 交易管理

交易管理是对电子商务活动全过程的管理，整个交易管理涉及人、财、物多个方面，融合了企业和企业、企业和客户、企业和政府部门及企业内部等诸多方面的协调和管理。

电子商务的发展，将会提供一个良好的交易管理网络平台及多种多样的应用服务系统，这样方能保障电子商务获得更广泛的应用。

1.2 电子商务企业的组织架构

电子商务企业的组织架构是指企业在管理要求、管控定位、管理模式及业务需求等多因素的影响下，根据内部资源、业务流程等形成的职能部门。一家电子商务企业要想长久稳定地发展下去，就必须拥有一个与企业发展相符的组织架构。组织架构是企业的流程运转、部门设置及职能规划等最基本的结构依据，电子商务企业的组织架构形式以直线式和矩阵式为主。

1.2.1 电子商务企业组织架构的3个特征

电子商务企业的组织架构是以互联网为核心的信息通信技术高速发展而产生的一种新型企业组织架构，具有虚拟化、扁平化和柔性化三大特征，如图1-13所示。

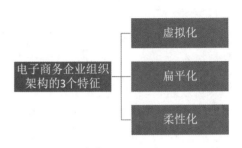

图1-13 电子商务企业组织架构的3个特征

1. 组织架构的虚拟化

电子商务企业组织架构的虚拟化是指电子商务企业并没有和传统企业相同的组织架构，通常只有模拟的组织架构。电子商务企业只有一些规模较小且具有核心竞争力的职能部门，对于其他企业部门所涉及的业务，则通过外包（企业为维持组织的核心竞争力，将组织的非核心业务委托给外部的专业公司，以降低运营成本、提高品质、集中人力资源、提高消费者满意度）的形式委托合作伙伴来完成。

2. 组织架构的扁平化

电子商务企业的组织架构改变了原来层级组织架构中的企业上下级组织和领导者之间的纵向联系方式，平级各单位之间的横向联系方式及组织内部与外部各方面的联系方式等。组织架构扁平化有利于拉近上下级距离，密切上下级关系，使信息纵向流通加快，管理费用降低，并且使企业变得更加灵活和敏捷，更富有弹性和创造力。

3. 组织架构的柔性化

电子商务企业组织架构柔性化是以创新能力为宗旨，通过分工合作、共担风险及适当的权限结构调整向基层员工授权，并满足员工的高层次需要，增强员工的责任意识，使其自觉提高自己的工作标准，并把组织意志变为个人的自觉行动。电子商务企业组织架构柔性化的特点就在于结构简洁，反应灵敏、迅速，灵活多变，能够快速适应现代市场的需求。

1.2.2 常见的电子商务企业组织架构

一般而言，电子商务企业的主要职能部门包括客服部、市场部、网站运营部、采购及物流部、技术部、人力资源部和财务部。其中，人力资源部和财务部的职能与传统企业差别不大，这里主要介绍其他5个部门及其对应的职能。

1. 客服部

客服部的职能包括客户服务、客户咨询、客服培训和客服考核等，也就是客服人员需要通过各种方式提高消费者满意度、订单转化率和平均订单金额。

客服部可细分为客服运营组、客服培训组、绩效考核组3个组别，其中客服运营组是核心，客服培训组和绩效考核组则需要辅助、配合客服运营组的工作。

(1) **客服运营组**

客服运营组负责咨询电话、客户服务电话和在线客户的咨询，以及商品咨询、订单处理、售后服务、客户主动咨询、客户回访、大客户挖掘和营销等服务。客服运营组一般设有客服主管和客服专员等岗位。

(2) **客服培训组**

客服培训组负责制订客服手册（如咨询手册、回访手册等），培训客服人员的客服技巧和技能，纠正客服人员不良习惯，提高服务满意度等。

(3) **绩效考核组**

绩效考核组负责监督检查客服质量，对客服员工进行工作考核和测评。

2. 市场部

市场部负责对外的合作、推广和宣传工作，包括搜索引擎营销、电子邮件营销、网站合作、口碑合作、活动及研讨会等；研究分析客户关系管理体系，包括会员级别机制、客户活跃机制和沟通机制等；优化购物流程，提高消费者购物体验，分析研究消费者购买行为，最终提高订单转化率。市场部的职能主要包括两部分：对外是推广合作，对内是营销分析，如图1-14所示，这两部分职能相互协同、交叉。

图1-14 电子商务企业市场部的两大职能

3. 网站运营部

网站运营部负责分析并确定商品目录、预测和规划商品销量、确定采购量和商品毛利润等，根据销售情况确定网站各网页的陈列展示，策划各种促销活动，并利用网站展示位置和网络推广资源等提高促销效果。网站运营部可细分为商品分析组、销售组和策划编辑组3个组别。

(1) **商品分析组**

商品分析组主要有以下3个职能。

- 商品分析筛选：分析各个种类的商品，确定网站主推商品名单；预测商品销售额，协商确定采购量，并根据销售情况不断调整。
- 商品定价：根据传统渠道价格、竞争对手价格和采购成本等各种因素确定网站商品定价，保持商品竞争力和毛利润。
- 销售分析：分析网站商品的销售情况，将商品分为若干等级，如畅销品、滞销品、潜力商品、不确定商品等，寻找并确定畅销品的品种，尽快用促销等方式减少滞销品的库存，通过内外部资源提升潜力商品的销量，分析研究不确定商品的原因。

(2) **销售组**

销售组主要负责商品的销售、商品在网站的陈列展示和商品促销等，需要与市场部联络，确定推广过程中的策略、搜索引擎关键词、商品描述、商品促销方案及促销资源的调配。

（3）策划编辑组

策划编辑组主要负责商品的文案和图片处理，负责网站的功能策划、板块设置和网站建设。策划编辑组主要有以下 3 个职能。

- 网站策划人员负责全站的网站建设、改版、功能设计和购物流程优化等。
- 网站编辑人员负责商品文案撰写、促销文案撰写、网站各频道的内容编写、专题策划和编辑等。
- 美工及摄影人员负责商品图片、视频的拍摄和后期制作，以及促销和商品展示页面的设计等。

4. 采购及物流部

采购及物流部主要负责商品的采购，各类商品在全国的仓储布局、调整和管理，网站配送合作和订单配送等。具体的工作内容包括：与网站运营部确定采购单，根据名单筛选供应商，争取最低采购价格；根据重点销售区域确定网站的仓储中心规划，管理各个仓储中心，进行各个种类商品在不同仓储中心的调配；确定快递配送合作伙伴，制订配送标准，设计包装规格，制订订单配送管理规则。

根据职能分类，可将采购及物流部划分为采购组、仓储组和配送组。

（1）采购组

采购组的职能是在采购过程中与网站运营部密切合作，确定合作经销商名单，利用网站及推广资源，争取以资源换得尽可能低的价格。

（2）仓储组

仓储组的职能包括仓储运营和供应链优化。

- 仓储运营：仓储运营人员负责仓储中心的布局、具体仓储管理、商品在各个中心的库存调配、商品从采购到入库的管理、仓储管理系统的设计和改进等。
- 供应链优化：供应链优化人员负责从采购、商品入库、商品销售、订单配送到消费者收到商品的供应链优化，尽可能缩短仓储周转周期，缩短订单配送周期（包括订单处理、订单分拣、订单包装和快递配送等），提高资金周转率和仓储利用率等。

（3）配送组

配送组的职能包括订单处理、包装及配送和配送稽核。

- 订单处理：订单处理人员负责对消费者提交的订单进行审核，对地址不清晰、电话格式不对、订单信息不完全和恶意的订单等进行处理。
- 包装及配送：包装及配送人员负责商品的分拣和包装、订单的配送、配送标准的制订和优化、包装的设计及物流公司的选择等。
- 配送稽核：配送稽核人员负责对配送的质量进行监督，提高配送服务的水平，提高配送方面的消费者满意度。

5. 技术部

技术部负责电子商务网站的建设和系统开发，包括网站架构和技术开发，客户服务中心系统、采购和仓储系统、订单管理系统等的策划、建设和调整实施，服务器和网络运营商的选择和管理等。

根据职能分类，可将技术部划分为网站开发组、系统开发组和系统维护组。

（1）网站开发组

网站开发组主要负责网站的开发工作，具体包括网站架构研发、网站开发和测试、页面设计和搜索引擎优化等职能。

- 网站架构研发：网站架构研发人员负责与网站运营部和市场部沟通策划网站功能，确定网站架构方案，并与开发和测试人员共同完成网站的建设和改版工作。
- 网站开发和测试：网站开发和测试人员负责根据网站架构和功能需求编写代码，完成网站技术开发和改版工作，并通过不断测试改善消费者体验，修复网站漏洞。
- 页面设计：页面设计人员负责网站页面的设计和改版工作。
- 搜索引擎优化：搜索引擎优化是指针对搜索引擎开展的页面优化，可使网站关键词搜索排名提前。关键词搜索排名与网站框架、页面设计和文案相关。

（2）系统开发组

系统开发组主要负责网站相关系统的开发工作，包括客户关系管理系统、客户服务中心系统、采购和仓储管理系统（商品的采购和供应商、不同仓储中心的库存情况）、订单处理系统（订单管理、配送管理、收款和退换货等）等。系统开发组有需求分析、系统分析和软件开发测试3个职能。

- 需求分析：需求分析人员负责与各部门人员沟通，分析各系统的使用需求，完成各系统的整体需求分析工作。
- 系统分析：系统分析人员负责按照需求分析设计数据库模型和系统模型。
- 软件开发测试：由软件开发测试人员完成开发，并且由3种职能的负责人员一起进行测试。

（3）系统维护组

系统维护组主要负责服务器管理、网络管理和系统调试等基础性工作。

1.3 电子商务的系统组成与运营模式

为实现客户价值最大化，商家需要将企业电子商务运行的各要素整合起来，形成一套完整的、高效率的、具有独特核心竞争力的运行系统，并通过最优实现形式满足客户需求、实现客户价值，进而帮助企业达成持续盈利的目标。

1.3.1 电子商务的系统组成

电子商务系统是保证以电子商务为基础的网上交易实现的体系。电子商务的系统组成包括四个主体层和两个支柱，其中四个主体层分别是应用层、服务层、传输层和网络层，两个支柱分别是安全协议与技术标准、公共政策与法律规范，如图1-15所示。

> 提示　电子商务整体结构分为电子商务应用层结构（图1-15中的应用层）和支持应用实现的基础结构（图1-15中的服务层、传输层、网络层和两个支柱）。服务层、传输层和网络层三个基础层次和两个支柱都是电子商务应用的条件。

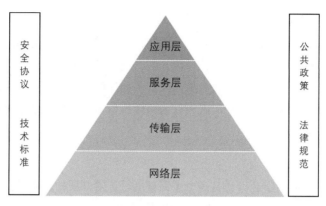

图 1-15 电子商务的系统组成

1. 网络层（网络平台）

网络层是实现电子商务的硬件基础设施，是信息传输系统，包括远程通信网（Telecom）、有线电视网（Cable TV）、无线通信网（Wireless）和互联网（Internet）。这些不同的网络都提供了电子商务信息传输线路，但是当前大部分的电子商务应用还是基于互联网，即计算机网络。

2. 传输层（信息发布平台）

网络层决定了电子商务信息传输使用的线路，而传输层则解决如何在网络上传输信息和传输何种信息的问题。线路上传输的最复杂的信息就是多媒体信息，它是文本、声音和图像的综合。最常用的信息发布应用就是WWW，用HTML或Java将多媒体内容发布在Web服务器上，然后通过一些传输协议将发布的信息传送给接收者。

3. 服务层（电子商务平台）

电子商务系统的服务层直接为应用系统提供服务，优化应用功能，是应用层的必要补充。服务层实现了标准的网上商务活动、系统优化、系统管理、系统/应用集成服务，如建立标准的商品目录/价目表、开发电子支付工具、保证商业信息安全传送、认证买卖双方的合法性、控制流量等。

4. 应用层（电子商务各应用系统）

应用层所对应的应用系统是电子商务系统的核心部分，也是应用系统开发过程中需要编写的主要内容。应用层能够实现电子商务系统的核心商务逻辑，如企业宣传、网上银行、网上购物、虚拟电子市场、拍卖等具体应用模块。电子商务应用系统主要包括电子商务网站、数据库系统、支付系统、安全系统等。

5. 公共政策与法律规范

公共政策是指政府制定的促进电子商务发展的宏观政策，包括电子商务的税收制度、信息的定价、信息访问的收费、信息传输成本、隐私问题等。其中，税收制度如何制定是一个至关重要的问题。例如，对于咨询信息、电子书籍、软件等无形商品是否征税，如何征税；对于汽车、服装等有形商品如何通过海关，如何征税；税收制度是否应与国际惯例接轨，如何接轨；关贸总协定是否应把电子商务部分纳入其中。这些问题如不妥善解决，将会阻碍电子商务的发展。

法律规范维系着电子商务活动的正常运作，对市场的稳定发展起到了很好的制约和规范作用。电子商务活动不同于传统商务活动，买卖双方很可能存在地域的差别，他们之间的纠纷如何解决？如果没有一个成熟的、统一的法律系统进行仲裁，纠纷就不可能解决。那么，这个法律系统究竟应该如何制定？应遵循什么样的原则？其效力如何保证？如何保证授权商品交易的顺利进行？如何有效遏止侵权商品或仿冒产品的销售？如何有力打击侵权行为？这些都是制定电子商务法律规范时应当考虑的问题。

6. 安全协议与技术标准

如何保障电子商务活动的安全，一直是电子商务能否正常开展的核心问题。因此，作为一个安全的电子商务系统，必须具有一个安全、可靠的通信网络，以保证交易信息安全、迅速地传递；同时，还要保证数据库服务器的绝对安全，防止黑客闯入网络盗取信息。目前，网上比较成熟的安全手段包括电子签名和认证。

技术标准定义了用户接口、传输协议及信息发布标准等技术细节，它是信息发布与传递的基础，也是网络信息一致性的保证。

1.3.2 电子商务的运营模式

电子商务的运营模式是指在网络环境和大数据环境中，基于一定技术基础的商务运作方式和盈利模式。目前，常见的电子商务运营模式有B2B、B2C、C2B、C2C、O2O等。

1. B2B模式

B2B（Business to Business）是指企业与企业之间的一种电子商务模式，即企业与企业之间通过互联网进行产品、服务及信息交换的电子商务活动，如谈判、订货、签约、接收发票和付款及索赔处理、商品发送管理和运输跟踪等活动。B2B模式是当前电子商务模式中份额最大、最具操作性、最易成功的模式，其典型代表包括阿里巴巴批发网（1688.com）、太平洋门户网等。阿里巴巴批发网（1688.com）首页如图1-16所示。

图1-16　阿里巴巴批发网（1688.com）首页

2. B2C 模式

B2C（Business to Consumer）是指企业与消费者之间的一种电子商务模式，即企业通过互联网为消费者提供一个新型的购物环境——网上商店，消费者通过网络进行购物和在线支付。B2C模式专注于使个人消费省时、省力，让消费者足不出户即可享受购物的快乐；同时，B2C模式还节省了很多交易环节，为企业降低了人力资源和设备资源等成本。B2C模式的典型代表包括天猫商城、京东商城等。

3. C2B 模式

C2B（Consumer to Business）是指消费者与企业之间的一种电子商务模式。这种模式改变了原有生产者（企业）与消费者之间的关系，是由消费者先提出需求，再由生产者（企业）按需求组织生产、货源的一种商务活动。虽然目前C2B模式还处于初级发展阶段，但是它会让消费者改变观念，主动设计自己的产品，实现柔性化生产和定制化生产的个性理念，这样企业会变得更加透明、更加诚信、更加受消费者的信赖和尊重、更能满足时代发展的需要。

4. C2C 模式

C2C（Consumer to Consumer）是指消费者与消费者之间的一种电子商务模式，即消费者之间通过网络商务平台实现交易的一种商务活动。C2C商务平台是为买卖双方提供一个在线交易平台，使卖方可以主动提供商品上网拍卖，而买方可以自行选择商品进行竞价。C2C模式的典型代表包括淘宝网、闲鱼等。

闲鱼是阿里巴巴旗下的闲置物品交易平台，用户只要使用淘宝或支付宝账号登录，无须经过复杂的开店流程，即可一键转卖个人淘宝账号中已买到的宝贝到闲鱼上。闲鱼同样支持用户自主用手机拍照上传闲置物品，以进行在线交易等诸多功能。闲鱼App首页如图1-17所示。

5. O2O 模式

O2O（Online to Offline）是指线上线下共同交易的一种电子商务模式，即将线下商务的机会与互联网结合在一起，让互联网成为线下交易的"前台"，实现"线上购买、线下服务"。O2O是近年来新兴起的一种电子商务新商业模式，商家可在网上寻找消费者，然后将他们带到现实的商店中，完成交易。这种电子商务模式最大的特点在于推广效果可查，每笔交易可跟踪。O2O模式的典型代表包括美团、大众点评等。美团App和大众点评App均属于本地生活信息及交易平台App，其首页分别如图1-18和图1-19所示。

图1-17 闲鱼App首页

图 1-18　美团 App 首页

图 1-19　大众点评 App 首页

1.4　电子商务法律法规及安全问题

电子商务要想快速稳健地发展，除完备的技术支持和良好的经济环境外，与之相匹配的法律制度更是必不可少。电子商务相关法律法规的颁布和实施，对电子商务的健康发展起着非常重要的规范和促进作用。电子商务的安全则是电子商务立法所涉及的主要问题。下面将为大家详细介绍电子商务法律法规及安全问题。

1.4.1　电子商务法律法规概述

电子商务法是调整电子商务信息流、资金流和物流 3 个环节活动中所产生的社会关系的法律规范的总称。

广义的电子商务法是指所有调整以数据电文方式进行的商务活动的法律规范，其中又可分为调整以电子商务为交易形式和调整以电子信息为交易内容的两大类规范。狭义的电子商务法是指调整以数据电文为交易手段而形成的因交易形式所引起的商务关系的规范体系。

电子商务法是随着电子商务模式的普及推广而产生的一个独立的法律学科，归属于民商法体系。电子商务立法的直接目的主要有以下 3 点。

- 电子商务立法可以消除阻碍电子商务发展的法律障碍。例如，我国现有法律要求某些类型的交易文件采取书面形式或交易者亲笔签名的形式，然而电子商务无法以传统方式满足这些要求，如果法律不能明确消除这些障碍，势必会阻碍电子商务的发展。
- 电子商务立法可以消除现有法律适用上的不确定性，保护合理的商业预期，保障交易安全。

例如，我国现有法律没有明确规定网络上自动形成的合同是否具有法律承认的效力、是否具有约束力，使交易双方面临不确定的风险。

- 电子商务立法可以建立一个清晰的电子商务法律法规框架，帮助电子商务更好地发展。电子商务发展的初期，相关的法律规范散见于许多法律文件中，这些法律文件的效力层次并不相同，因此制定一部统一的电子商务法就显得非常必要了。

1.4.2 电子商务立法的基本原则

由于电子商务立法是调整新型商业活动的法律，因此需要建立一套新的立法指导原则。电子商务法的基本目标是在电子商务活动中建立公平的交易规则，要达到交易和参与各方利益的平衡，实现公平的目标，就有必要满足以下五大原则，如图1-20所示。

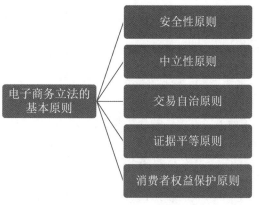

图1-20 电子商务立法的基本原则

1. 安全性原则

维护电子商务活动的安全是电子商务立法的主要任务之一，电子商务法应该以维护电子商务的安全为基本原则。电子商务以其高效、快捷的特性，在各种商务交易形式中脱颖而出，具有强大的生命力，而这种高效、快捷的交易工具，必须以安全为前提，它不仅需要技术上的安全措施，同时也离不开法律上的安全规范。

2. 中立性原则

中立性原则是指法律应当对交易使用的手段一视同仁，不应把对某一特定技术的理解作为法律规定的基础，而歧视其他形式的技术。因此，不论电子商务的经营者采用何种电子通信的技术手段，其交易的法律效力都不受影响。

3. 交易自治原则

允许当事人以协议方式订立其间的交易规则，是交易法的基本属性。电子商务主体有权决定自己是否进行交易、和谁交易及如何进行交易，这完全体现了电子商务主体的意思自治，任何单位和个人利用强迫、利诱等手段进行违背当事人真实意愿的交易活动都是无效的。

4. 证据平等原则

证据平等原则是指电子签名和电子文件应当与书面签名和书面文件具有同等的法律地位。电子商务中的电子文件包括电子商务合同及电子商务中流转的电子单据。在电子商务中，贸易合同、提货单、保险单、发票等书面文件将被储存于计算机内的相应电子文件所代替，这些电子文件就属于证据法中的电子证据。

5. 消费者权益保护原则

电子商务活动要求对消费者的权益进行更为有力的保护，所以电子商务法中必须包含保护消费者权益的规定，同时还应协调制定国际规则，让消费者可以明确对某一贸易如何操作及所应适用的消费者权益保护法。

知识拓展

我国电子商务立法概况

2018年8月31日，十三届全国人大常委会第五次会议表决通过了《中华人民共和国电子商务法》（以下简称《电子商务法》），自2019年1月1日起施行。这是我国电商领域的首部综合性法律，《电子商务法》的颁布和实施可以更好地调整消费者与电商经营者、平台内经营者之间的关系，保障电子商务各方主体的合法权益，规范电子商务行为。

1.4.3 电子商务信息安全问题

电子商务虽然在当前呈现高速增长的趋势，但是其在发展过程中显现出的安全问题却不容忽视，这将会影响到电子商务的正常交易及相关信息的安全性。电子商务信息安全概括了很多一般性的安全技术问题，通常系统可能遭受的攻击包括系统中断、窃听信息、篡改信息、伪造信息、一个网络的用户未经授权访问了另一个网络、计算机病毒等，如图1-21所示。

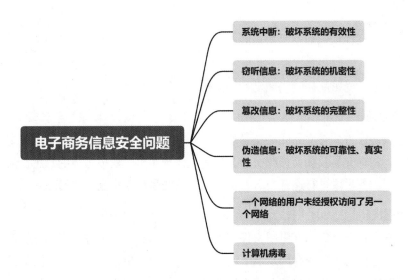

图1-21 电子商务信息安全问题

1. 系统中断：破坏系统的有效性

网络故障、操作错误、应用程序错误、硬件故障、系统软件错误及计算机病毒等都能导致系统不能正常工作，因而要对由此所产生的潜在威胁加以预防和控制，以保证贸易数据在确定的时刻、确定的地点是有效的。

2. 窃听信息：破坏系统的机密性

电子商务作为贸易的一种手段，其信息直接代表着个人、企业或国家的商业机密。传统的纸面贸易都是通过邮寄封装的信件或通过可靠的通信渠道发送商业报文来达到保守机密的目的。

3. 篡改信息：破坏系统的完整性

电子商务简化了贸易过程，减少了人为干预，同时也带来了维护贸易各方商业信息的完整性、统一性的问题。

4. 伪造信息：破坏系统的可靠性、真实性

电子商务直接关系到贸易双方的商业交易，如何鉴别要进行交易的贸易方是进行交易所期望的贸易方这一问题，是保证电子商务顺利进行的关键。

5. 一个网络的用户未经授权访问了另一个网络

目前，许多企业的内部网通常与互联网互连在一起，但如果没有经过企业的许可，外面的用户是不能进入企业内部网进行访问的。

6. 计算机病毒

电子商务是一种依赖于计算机和计算机网络的新商务模式，危害计算机和计算机网络的计算机病毒，自然对电子商务造成了很大的危害。

知识拓展

电子商务对安全的基本要求

电子商务安全是一个复杂的系统问题，电子商务对安全的基本要求主要体现在以下几个方面。
- 有效性、真实性：对信息、实体的有效性、真实性进行鉴别。
- 机密性：保证信息不被泄露给非授权的人或实体。
- 完整性：既要保证数据的一致性，又要防止数据被非法授权建立、修改和破坏。
- 可靠性：保证合法用户对信息和资源的使用不会被不正当地拒绝。
- 不可否认性：建立有效的责任机制，防止实体否认其行为。

1.4.4 常用电子商务安全技术

信息安全技术在电子商务系统中的作用非常重要，它守护着商家和客户的重要机密，维护着商务系统的信誉和财产，同时为服务方和被服务方提供极大的方便，因此只有采取了必要和恰当的技

术手段才能充分提高电子商务系统的可用性。常用的电子商务安全技术包括数据加密技术、认证技术、防火墙技术和虚拟专用网技术。

1. 数据加密技术

数据加密技术是电子商务系统中最基本的信息安全防范措施，其原理是利用加密算法将原始信息（明文）转换成只有授权用户才能解读的密码形式（密文），从而保证数据的保密性。

与"加密"概念相对应的是"解密"，即通过一定的算法将密文重新恢复成明文。对明文进行加密时采用的一组规则称为加密算法；对密文解密时采用的一组规则称为解密算法。加密和解密过程中使用的密钥分别称为加密密钥和解密密钥。加密系统的运作如图1-22所示。

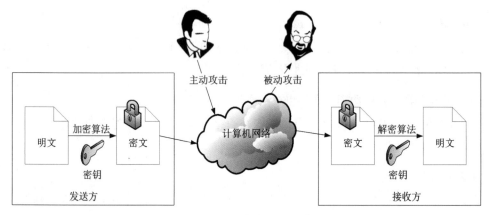

图1-22 加密系统的运作

数据加密技术是一种主动的信息安全防范措施，目前数据加密技术可分为对称密钥加密和非对称密钥加密。

（1）对称密钥加密

对称密钥加密是指发送和接收数据的双方必须使用相同的密钥对明文进行加密和解密运算，并且密钥不对外发布，因而对称密钥加密也称为私钥加密。

如果通信双方能够确保密钥在交换阶段没有泄露，就可以实现数据的机密性和完整性，并可以通过随报文一起发送的电子摘要（或散列值）来实现对机密信息的验证。

对称密钥加密的过程如图1-23所示。首先，发送方用自己的私有密钥对要发送的信息进行加密；然后，发送方将加密后的信息通过网络传送给接收方；最后，接收方用发送方进行加密的那把私有密钥对接收到的加密信息进行解密，得到明文信息。

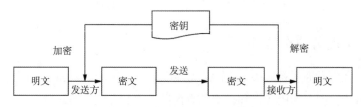

图1-23 对称密钥加密的过程

对称密钥加密的优点是加密、解密速度快,且使用方便,计算量小,加密效率高,适合对大量数据进行加密,能够保证数据的机密性和完整性;缺点是当用户数量大时,分配和管理密钥比较困难。

知识拓展

常用的对称密钥加密算法

目前,常用的对称密钥加密算法包括:DES(Data Encryption Standard,数据加密标准),是一种密码块加密方法;IDEA(International Data Encryption Algorithm,国际数据加密算法),是一种国际信息加密方法;AES(Advanced Encryption Standard,高级加密标准),也是一种密码块加密方法,但是算法标准比DES更强大,可以对28位的密码块进行处理,密钥的长度可以是128位、192位和256位。

(2)非对称密钥加密

非对称密钥加密是指密钥被分解为一对,加密和解密使用两把不同的密钥:一把加密密钥(公开密钥,简称"公钥")向公众公开,谁都可以使用;一把解密密钥(秘密密钥、私有密钥,简称"私钥")只有解密人自己知道,非法使用者根据公开的加密密钥无法推算出解密密钥。因此,非对称密钥加密也称为公开密钥加密。

非对称密钥加密机制有两种基本的模型:一种是加密模型,即用接收方的公钥加密,而用接收方的私钥解密,如图1-24所示;另一种是验证模型,即用发送方的私钥加密,而用发送方的公钥解密,如图1-25所示。两种模型的用途各有不同,其中加密模型可以实现多个用户加密的信息只能由一个用户解读,从而实现了保密通信;验证模型可以实现一个用户加密的信息可以由多个用户解读,这就是数字签名的原理。

图1-24 非对称密钥加密机制中的加密模型

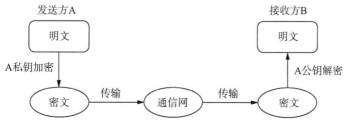

图1-25 非对称密钥加密机制中的验证模型

非对称密钥加密的优点是易于分配和管理；缺点是算法复杂，加密速度慢。使用非对称密钥加密机制，一般是用公钥来加密，用私钥来签名；同时，用私钥来解密，用公钥来验证签名。

2. 认证技术

认证技术是保证电子商务安全的重要技术之一。采用认证技术可以直接满足身份认证、信息完整性、不可否认和不可修改等多项网上交易的安全需求，较好地避免了网上交易面临的假冒、篡改、抵赖、伪造等种种威胁。

常用的电子商务安全认证技术包括身份认证、数字签名、CA安全认证体系和数字证书。

（1）身份认证

身份认证是指计算机及网络系统确认操作者身份的过程。通过身份认证确定该用户是否具有对某种资源的访问和使用权限，进而使计算机及网络系统的访问策略能够可靠、有效地执行，防止攻击者假冒合法用户获得资源的访问权限，保证系统和数据的安全及授权访问者的合法利益。

目前，计算机及网络系统中常用的身份认证方式包括密码认证、USB Key认证、IC卡认证、动态口令技术和生物特征认证，如图1-26所示。

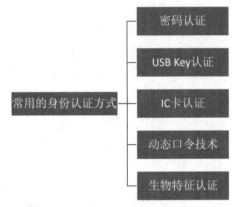

图1-26 常用的身份认证方式

- 密码认证。密码认证是最简单也是最常用的身份认证方法，它是基于"what you know"的验证手段。每个用户的密码是由用户自己设定的，只有用户自己才知道。只要能够正确输入密码，计算机就认为操作者是合法用户。
- USB Key认证。USB Key是一种USB接口的硬件设备，它内置单片机或智能卡芯片，可以存储用户的密钥或数字证书，利用USB Key内置的密码算法实现对用户身份的认证。
- IC卡认证。IC卡是一种内置集成电路的芯片，芯片中存有与用户身份相关的数据。IC卡由专门的厂商通过专门的设备生产，是不可复制的硬件，由合法用户随身携带，登录时必须将其插入专用的读卡器读取其中的信息，以验证用户的身份。
- 动态口令技术。动态口令技术是一种使用户密码按照时间或使用次数不断变化、每个密码只能使用一次的技术。
- 生物特征认证。生物特征认证是指采用每个人独一无二的生物特征来验证用户身份的技术。常见的生物特征认证方式有指纹识别、虹膜识别等。

（2）数字签名

数字签名是基于加密技术的一种信息认证技术。所谓数字签名，就是在发送的信息报文上附加一段只有信息发送方才能产生的、他人无法伪造的特殊个人数据标记，起到传统手工签名或盖章的作用。

目前，主要是基于公钥密码体制的数字签名，包括RSA、ElGamal、Fiat-Shamir、Guillou-

Quisquarter、Schnorr、Ong-Schnorr-Shamir数字签名算法，Des/DSA椭圆曲线数字签名算法和有限自动机数字签名算法等。其中，RSA是最主要的数字签名算法，它是利用Hash函数进行数字签名和验证的，如图1-27所示。该算法将数字签名与要发送的信息捆绑在一起，比分别发送信息与签名具有更高的安全性和可行性，所以更适合电子商务。

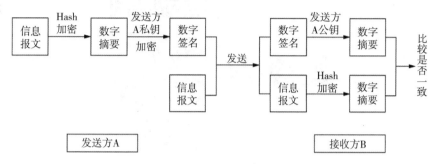

图1-27　RSA数字签名算法的过程

（3）CA安全认证体系

CA是认证机构的国际通称，是指对电子交易的申请者发放数字证书、管理和取消数字证书的机构。CA安全认证体系为交易双方提供了权威的、公正的身份认证机构，对数字证书进行管理，负责证书的申请、审批、发放、归档、撤销、更新和废止等。因此，CA安全认证体系的主要作用就是检查证书持有者身份的合法性，并签发证书（在证书上签字），以防证书被伪造或篡改。

电子交易中的CA体系可分为两种：基于SET的CA体系（又称为金融CA体系）和基于X.509的PKICA体系（又称为非金融CA体系）。

（4）数字证书

数字证书（Digital Certificate或Digital ID）又称为数字凭证，即用电子手段来证实一个用户的身份和对网络资源的访问权限。数字证书是一种数字标识，是一个经认证中心（CA）数字签名的包含公开密钥拥有者信息及公开密钥的文件。

数字证书可用于发送安全电子邮件、访问安全站点、网上证券交易、网上招标采购、网上办公、网上保险、网上税务、网上签约和网上银行等安全电子事务处理和安全电子交易活动。

数字证书必须保证网络安全的四大要素，即信息传输的保密性、数据交换的完整性、发送信息的不可否认性及交易者身份的真实性。

3. 防火墙技术

在网络系统中，防火墙（Firewall）是指由软件和硬件设备组合而成的，在内部网和外部网之间、专用网与公共网之间构造的一道保护屏障，用于加强内部网络和公共网络之间安全防范的系统。

一个完善的防火墙系统应具有以下3个特征。

- 内部网络和外部网络之间的所有网络数据流都必须经过防火墙。
- 只有符合安全策略的数据流才能通过防火墙。

- 防火墙自身应具有非常强的抗攻击免疫力。

根据防范方式和侧重点的不同，防火墙可以分为包过滤型防火墙、应用代理型防火墙、状态检测型防火墙、复合型防火墙4种类型，如图1-28所示。

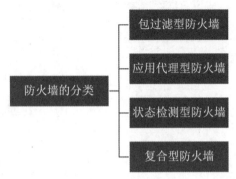

图1-28 防火墙的分类

（1）包过滤型防火墙

包过滤型防火墙工作在OSI参考模型的网络层，对数据包的源地址及目的地址具有识别和控制作用；对于传输层，它只能识别数据包是TCP还是UDP及所用的端口信息。只有满足过滤条件的数据包才被转发到相应的目的地，其余数据包则从数据流中丢弃。

（2）应用代理型防火墙

应用代理型防火墙工作在OSI参考模型的最高层，即应用层。应用代理型防火墙的特点是完全"阻隔"内网和外网的直接通信，内网用户对外网的访问变成防火墙对外网的访问，然后再由防火墙转发给内网用户。所有通信都必须经应用层代理软件转发，访问者任何时候都不能与服务器建立直接的TCP连接，应用层的协议会话过程必须符合代理的安全策略要求。

（3）状态检测型防火墙

状态检测型防火墙又称为动态包过滤型防火墙，它摒弃了包过滤型防火墙仅考查数据包的IP地址等几个参数，而不关心数据包连接状态变化的缺点，在防火墙的核心部分建立状态连接表，并将进出网络的数据当成一个个会话，利用状态表跟踪每一个会话状态。状态检测对每一个包的检查不仅根据规则表，更考虑了数据包是否符合会话所处的状态，因此提供了完整的对传输层的控制能力。

（4）复合型防火墙

复合型防火墙是指综合了状态检测和透明代理的新一代防火墙。复合型防火墙基于ASIC架构，将防病毒、内容过滤整合到防火墙中，同时还具有VPN、IDS功能。

4. 虚拟专用网技术

虚拟专用网（Virtual Private Network，VPN）技术是一种在公用互联网络上构造专用网络的技术。虚拟专用网技术将物理上分布在不同地点的专用网络，通过公共网络构造成逻辑上的虚拟子网，进行安全、稳定的通信。通过虚拟专用网技术可以帮助远程用户、分公司、合作伙伴及经销商等建立内部的可信安全连接，保证数据的安全传输。

虚拟专用网使用了隧道协议、身份认证和数据加密3种技术，用以保证通信的安全性。虚拟专用网技术的实现过程为：客户机向 VPN 服务器发出请求，VPN 服务器响应请求并向客户机发出身份咨询，客户机将加密的响应信息发送到 VPN 服务器，VPN 服务器根据用户数据库检查该响应。如果账户有效，VPN 服务器将检查该用户是否具有远程访问权限，如果该用户具有远程访问权限，VPN 服务器则接受此连接，否则将拒绝建立连接。

在电子交易过程中，虚拟专用网技术主要具有五大作用，如图1-29所示。

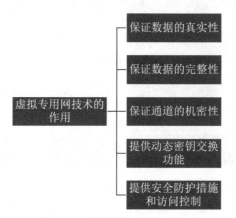

图 1-29　虚拟专用网技术的作用

1.4.5 电子商务安全协议

电子商务安全协议是指将各种安全技术集成起来，形成一整套电子商务安全问题的整体解决方案。许多集成商针对不同的网络应用提出了不同的商业实现标准，其中比较有名的是安全套接层（Secure Sockets Layer，SSL）协议和安全电子交易（Secure Electronic Transaction，SET）协议。

1. 安全套接层协议

安全套接层（SSL）协议是网景通信公司（Netscape Communications Corporation）推出的基于Web应用的安全协议。SSL协议指定了一种在应用程序协议（如HTTP、Telnet、NMTP和FTP等）和TCP/IP协议之间提供数据安全性分层的机制，它为TCP/IP连接提供数据加密、服务器认证和消息完整性及可选的客户机认证，主要用于提高应用程序之间的数据安全性，对传送的数据进行加密和隐藏，确保数据在传送中不被改变，即确保数据的完整性。

SSL协议采用的是对称密钥技术和非对称密钥技术相结合的方式，其主要作用包括：双向认证，客户机和服务器相互识别的过程；对通信数据进行加密；信息完整性，确保SSL业务全部达到目的。

SSL协议基于CIS模式，它由两层组成，分别是握手协议层和记录协议层。SSL握手协议（SSL Handshake Protocol）建立在SSL记录协议之上，用于在实际的数据传输开始前，通信双方进行身份认证、协商加密算法、交换加密密钥等。SSL记录协议（SSL Record Protocol）建立在可靠的传输协议（如TCP）之上，为高层协议提供数据封装、压缩、加密等基本功能的支持。

SSL安全协议实现的步骤，如图1-30所示。

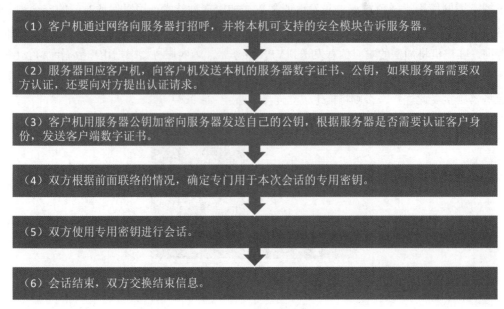

图1-30　SSL安全协议实现的步骤

2. 安全电子交易协议

安全电子交易（SET）协议是由维萨（VISA）和万事达（MasterCard）两大信用卡公司于1997年5月联合推出的规范，用于解决客户、商家和银行之间通过信用卡支付的交易安全问题。

SET协议采用了RSA公/私钥加密系统、数字签名、数字证书认证等技术，保证了支付信息的保密性、完整性和不可否认性。SET协议提供了客户、商家和银行之间的身份认证，而且交易信息和客户信用卡信息相互隔离，即商家只能获得订单信息，银行只能获得持卡人信用卡的支付信息，双方各取所需，互不干扰，构成了SET协议的主要特色，使得SET协议有望成为电子商务的规范。

SET协议要达到的目标主要有以下5个。

- 保证信息在互联网上安全传输，防止数据被黑客或内部人员窃取。
- 保证电子商务参与者信息的相互隔离。客户的资料加密或打包后通过商家到达银行，但是商家不能看到客户的账户和密码信息。
- 解决多方认证问题。这不仅需要对消费者的信用卡进行认证，而且需要对在线商店的信誉程度进行认证，同时还有消费者、在线商店与银行之间的认证。
- 保证网上交易的实时性，使所有的支付过程都是在线的。
- 效仿EDI贸易的形式，规范协议和消息格式，促使不同厂家开发的软件具有兼容性和互操作功能，并且可以运行在不同的硬件和操作系统平台上。

SET协议规范所涉及的对象有持卡人、发卡机构、商家、银行及支付网关，它们在SET协议中扮演着不同的角色。

- 持卡人（Cardholder）：是指由发卡机构所发行的支付卡的授权持有者。

- 商家（Merchant）：是指出售商品或服务的个人或机构。
- 支付网关（Payment Gateway）：是由收单机构或指定的第三方操作的专用系统，用于处理支付授权和支付。
- 收单机构（Acquirer）：是为商户建立业务联系的金融机构。
- 发卡机构（Issuer）：是为持卡人提供支付卡的金融机构。
- 认证机构（Certificate Authority）：按照SET交易中的角色不同，认证机构负责向持卡人颁发持卡人证书、向商户颁发商家证书、向支付网关颁发支付网关证书，利用这些证书可以验证持卡人、商户和支付网关的身份。

根据SET协议的工作流程，可将整个工作程序分为以下几个步骤。

步骤1 消费者利用自己的计算机通过互联网选定所要购买的商品，并在计算机上输入订货单，订货单包括在线商店、购买物品名称及数量、交货时间及地点等信息。

步骤2 通过电子商务服务器与有关在线商店联系，在线商店作出应答，告诉消费者所填订货单的货物单价、应付款数、交货方式等信息是否正确、是否有变化。

步骤3 消费者选择付款方式，确认订单，签发付款指令，此时SET开始介入。在SET中，消费者必须对订单和付款指令进行数字签名，同时利用双重签名技术保证商家看不到消费者的账号信息。

步骤4 在线商店接受订单后，向消费者所在银行请求支付认可，信息通过支付网关到收单机构，再到电子货币发行公司确认。批准交易后，返回确认信息给在线商店。

步骤5 在线商店发送订单确认信息给消费者，消费者端软件可记录交易日志以备将来查询。

步骤6 在线商店发送货物或提供服务，并通知收单机构将钱从消费者账号转移到商店账号，或者通知发卡机构请求支付。

课堂实训

任务一　辨别电子商务企业

📋 任务说明

小汪是M电子商务有限公司的一名员工，因该公司地处闹市区，应公司市场部需求，他被分派搜集周边企业中哪些同属电子商务企业。本次任务，我们将帮助小汪确定哪些企业属于电子商务企业。

📋 任务目标

1. 学生能够通过网络搜集资料，辨别哪些属于电子商务平台。

2. 学生能够通过搜集到的网络资料，分析、归纳和总结淘宝、天猫、京东等电子商务平台的特征。

任务实施

步骤1 在浏览器中输入"启信宝"信息平台网址,然后按回车键,打开"启信宝"信息平台,如图1-31所示。

图1-31 打开"启信宝"信息平台

步骤2 使用个人手机号注册并登录账号,如图1-32所示。

图1-32 输入手机号注册并登录账号

步骤3 登录后在搜索框中输入"××企业"全称,然后点击"搜索"按钮。

步骤4 浏览并分析搜索到的××企业的工商信息。

步骤5 根据下面提供的相关信息,完成表1-1的填写,辨别该企业属于哪种电子商务平台。

表1-1 辨别电子商务平台

名称	企业全称	名称	企业全称
淘宝网		当当	
天猫商城		阿里巴巴	
京东商城		京喜	
拼多多		亚马逊	

任务二 设计电子商务企业组织架构图

📋 任务说明

小云目前任职于某家电子商务有限公司人事部,因公司业务发展需要,他被任命为人事部门负责人,作为该部门的负责人,他需要完善该电子商务公司的组织架构图。请你帮助小云,完成电子商务企业组织架构图。

📋 任务目标

学生能够根据要求设计电子商务企业组织架构图。

📋 任务实施

步骤1 在浏览器中输入"启信宝"信息平台网址,然后按回车键,打开"启信宝"信息平台,如图1-31所示。

步骤2 使用个人手机号注册并登录账号,如图1-32所示。

步骤3 登录后在搜索框中输入"××企业"全称,然后点击"搜索"按钮。

步骤4 浏览并分析搜索到的××企业的工商信息。

步骤5 参考图1-33所示的某企业/公司组织架构图,设计××电商企业的组织架构图。

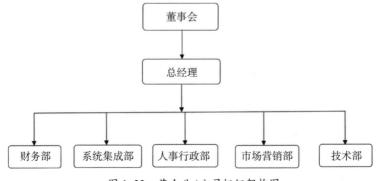

图1-33 某企业/公司组织架构图

项目评价

【项目评价表 1——技能点评价】

序号	技能点	达标要求	学生自评		教师评价	
			达标	未达标	达标	未达标
1	辨别淘宝、天猫、京东等电子商务平台的特征	(1) 能够说出电子商务及电子商务运营的概念 (2) 能够分析不同电子商务平台的特征				
2	设计电子商务企业组织架构图	(1) 能够实践电子商务企业组织架构的方法 (2) 能够设计电子商务企业组织架构图				
3	分析电子商务行业规划并提出见解	(1) 行业规划思路清晰，目标明确 (2) 行业规划符合电商发展前景的实际情况 (3) 行业规划具有可实现性				

【项目评价表 2——素质点评价】

序号	素质点	达标要求	学生自评		教师评价	
			达标	未达标	达标	未达标
1	敏锐的洞察力	(1) 具备敏锐的洞察力 (2) 善于搜集有用的资讯和好的思路想法				
2	良好的分析能力和归纳总结能力	(1) 具备较强的分析总结能力 (2) 逻辑思维能力强，善于分析相关资料并归纳总结				
3	独立思考能力和创新能力	(1) 遇到问题善于思考 (2) 具有解决问题和创造新事物的意识 (3) 善于提出新观点、新方法				

思政园地

阿里巴巴的现状与未来

截至 2020 年年底，淘宝网注册会员超 8 亿人，支付宝全球用户数量已超过 10 亿人。随着淘宝网、支付宝等商品规模的增大和用户数量的增加，阿里巴巴也变成了包括 C2C、B2B、C2B、O2O、分销、拍卖、直供、众筹等多种电子商务模式的综合性电商集团。在我国网络购物市场上，仅淘宝网的市场份额就超过 90%，可见阿里巴巴在市场份额和消费者忠诚度上拥有绝对的优势。

近年来，阿里巴巴依托云计算、大数据、物联网、移动互联网等技术的发展，先后推出阿里巴巴大数据学院、阿里云、阿里巴巴人工智能实验室等业务,着力朝着场景化、智能化和去中心化的大方向发展。

根据上述材料回答以下问题。

(1)阿里巴巴的电子商务发展经历了哪些阶段?

_____

_____

_____

(2)阿里巴巴在自身发展过程中,是如何推动我国电子商务网络强国战略的?

_____

_____

_____

(3)在我国未来的电子商务市场上,阿里巴巴将会发挥什么样的作用?

_____

_____

_____

课后习题

一、单选题

1. 随着社交媒体的发展与丰富,消费者的购买行为深受好友意见和社交媒体推荐的影响,这体现了电子商务的(　　)趋势。

　　A. 平台化　　　　　B. 国际化　　　　　C. 融合化　　　　　D. 社交化

2. 电子商务的发展根据使用网络的不同可分为3个阶段,继基于电子数据交换的电子商务之后的第二阶段为(　　)。

　　A. 基于互联网的电子商务　　　　　B. 基于全渠道的电子商务
　　C. 移动电子商务　　　　　　　　　D. 基于移动网络的电子商务

3. 网上广告、网上零售属于电子商务的(　　)。

　　A. 服务与应用层　　　　　　　　　B. 信息发布与传输层
　　C. 网络层　　　　　　　　　　　　D. 基础层

4. 电子商务的框架结构中，位于底层的是（　　）。
A. 信息发布与传输层　　　　　　　　B. 网络层
C. 网络协议　　　　　　　　　　　　D. 服务与应用层

5. 商品在消费者之间进行交易和商品所有权转移的过程是指（　　）。
A. 信息流　　　B. 资金流　　　C. 商流　　　D. 物流

6. 保证操作者的物理身份与数字身份相对应的技术为（　　）。
A. 数据加密技术　　　　　　　　　　B. 防火墙技术
C. 身份认证技术　　　　　　　　　　D. 杀毒软件技术

7. 电子商务环境下客户的行为特征不包括（　　）。
A. 消费需求的被动化　　　　　　　　B. 消费行为的理性化
C. 重视个性化消费　　　　　　　　　D. 客户忠诚度下降

二、多选题

1. 以下（　　）不是移动电子商务的特征。
A. 用户规模大　　　　　　　　　　　B. 实际的体验程度高
C. 个性化服务　　　　　　　　　　　D. 实用的移动定位技术

2. 我国电子商务的发展趋势不包括（　　）。
A. 个性化　　　B. 融合化　　　C. 纵深化　　　D. 区域化

3. 电子商务安全包括（　　）。
A. 信息安全　　　B. 管理安全　　　C. 物理安全　　　D. 应用环境安全

三、判断题

1. 常见的电子商务平台包括淘宝网、天猫商城、京东商城、拼多多及抖音电商等。　（　　）
2. 常见的电子商务运营模式有B2B、B2C、C2B、C2C、O2O等。　（　　）
3. 电子商务的系统组成包括四个主体层和两个支柱，其中四个主体层分别是应用层、服务层、传输层和技术层。　（　　）

四、简答题

1. 电子商务有哪些功能？

2. 阐述什么是电子商务法。

项目二

网上开店

项目导入

随着互联网的高速发展，人们的生活发生了翻天覆地的变化，生活节奏越来越快，网购已经成为人们生活中离不开的一种购物方式了。网购的发展使越来越多的人想要涉足电商事业，因此如何开网店成为很多人关注的热点。

如何开网店呢？开网店需要准备什么呢？在哪些平台开网店会相对更容易呢？只要开始萌发开网店心思的人想必都会考虑这些问题。就现在电商行业的发展情况来看，可以网上开店的平台有很多，其中主流的网上开店平台包括淘宝、京东及拼多多等。本项目将以淘宝平台的开店流程为例，带领大家学习淘宝网店的开设、注册。

学习目标

知识目标

1. 学生能够说出可以开设的店铺类型。
2. 学生能够举例说明各类店铺的开设资质。
3. 学生能够举例说明注册淘宝账号、支付宝实名认证、阿里实名认证的方法。

能力目标

1. 学生能够借助平台搜集信息，分析、归纳不同类型店铺的开设要求。
2. 学生能够根据步骤引导完成个人店铺的注册。
3. 学生能够应用手机端完成个人店铺的开通流程。

项目二 网上开店

素质目标

1. 学生具备敏锐的洞察力。
2. 学生具备良好的分析能力和归纳总结能力。
3. 学生具备独立思考能力。

课前导学

2.1 网上开店的准备工作

无论选择在哪个平台开设网店,都需要提前了解相应平台的开店要求和流程,并准备好平台所需资料,再根据系统提示逐步完成店铺的开设。

2.1.1 选择合适的店铺类型

一个电商平台上往往有多种店铺类型,可供不同需求的商家选择。例如,在淘宝平台,可开设的店铺类型主要包括个人店铺、企业店铺和天猫店铺。其中,个人店铺的门槛最低,开店成本也最低,适合个人商家;企业店铺需要提供企业营业执照,并缴纳一定的保证金和手续费,适合个体工商户或小企业商家;天猫店铺需要 100 万元以上注册资金、2 年以上经营时间、品牌注册商标和纳税身份等,且需要向平台支付高于个人店铺和企业店铺的保证金和技术服务费年费等费用,适合大品牌、大企业商家。

除此之外,个人店铺、企业店铺和天猫店铺在店铺评分体系、消费者保障服务、店铺显示标、店铺名称等方面均有所不同,具体如表 2-1 所示。

表 2-1 个人店铺、企业店铺和天猫店铺的区别

比较项目	个人店铺	企业店铺	天猫店铺
店铺认证注册条件	公民有效身份证进行注册店铺认证	认证企业营业执照	入驻企业要有 100 万元以上注册资金、2 年以上经营时间、品牌注册商标和纳税身份等
适用对象	个人商家	个体工商户或小企业商家	大品牌、大企业商家
开店成本	个人开店是免费的,只需缴纳少量的保证金	企业开店也是免费的,但申请认证时需要缴纳一定的手续费和少量的保证金	天猫商家需要向平台支付保证金和技术服务费年费等费用,且金额比淘宝店高出很多
店铺评分体系	评分体系为星级、钻级、皇冠级	与个人店铺相同	采用动态评分体系

续表

比较项目	个人店铺	企业店铺	天猫店铺
消费者保障服务	商家可自行选择加入	与个人店铺相同	所有保障天猫卖家都必须强制加入
店铺显示标	个人店铺没有店铺显示标	企业店铺拥有"企"字样的显示标	天猫店铺拥有天猫特有标志
店铺名称	个人店铺名称中不得包含让用户混淆的词汇，如特许经营、特约经销、总经销、总代理、官方、代理、加盟、授权、直营、经销等词汇。另外，"旗舰"与"专卖"是天猫特有词，不得出现在除天猫外的店铺名中	企业店铺的名称可以使用公司、企业、集团、官方、经销这五个词，但不得使用天猫特有词"旗舰"与"专卖"	天猫店铺名称必须注明店铺类型，包括旗舰店、专卖店、专营店

想要在淘宝平台开设网店的商家，可以根据自己的实际情况选择个人店铺、企业店铺或天猫店铺进行经营。

2.1.2 了解网上开店的流程

商家在开店之前，可以先通过电商平台的官方网站查询开店和入驻的相关流程。以淘宝平台为例，商家可以在淘宝首页点击右上角的"免费开店"按钮，如图2-1所示。

图2-1 点击"免费开店"按钮

系统自动跳转至"淘宝招商"页面，然后点击"开店指南"按钮，如图2-2所示。

图2-2 点击"开店指南"按钮

进入"开店指南"页面，商家即可通过视频或文字了解淘宝开店的详细流程，如图2-3所示。

图 2-3 "开店指南"页面

  知识拓展

淘宝开店的商家开店身份和店铺主体类型

1. 商家开店身份

在淘宝平台上开店，商家可选择的开店身份包括普通商家、达人商家、品牌商家和大学生商家。

- 普通商家：指达人、品牌商、大学生以外的其他商家。该身份适用于想创业、发展副业的企业或个人。
- 达人商家：指在抖音、快手、bilibili、微博等平台上有一定粉丝量的主播、达人、明星、UP主（个人或机构）等。该身份适用于主播、达人、明星、UP主等，通过短视频、直播等方式进行带货。
- 品牌商家：指拥有自有或独有品牌，并且有商标注册证的企业。该身份适用于成熟的知名品牌或新兴品牌，如果是知名品牌，推荐直接开通天猫店铺；如果是新兴品牌，推荐开通淘宝店并进行品牌认证。
- 大学生商家：指想要创业、赚取人生第一桶金的在校大学生。

2. 店铺主体类型

淘宝平台上的店铺主体类型包括个人商家、个体工商户商家和企业商家。

- 个人商家：适用于个人，需提供个人身份证、个人支付宝等资料。
- 个体工商户商家：营业执照类型为"个体工商户"，需提供营业执照、法人身份证正反面照片、个人或企业支付宝等资料。
- 企业商家：营业执照类型为"××公司/企业/农民专业合作社"等，需提供营业执照、法人身份证正反面照片、企业支付宝等资料。

个人与企业的区别主要来源于商家开店时所绑定的支付宝账号，绑定个人支付宝即个人店铺，绑定企业支付宝即企业店铺（其中，个体工商户既支持绑定个人支付宝也支持绑定企业支付宝）。开店成功后，个人店铺可申请升级成企业店铺。

2.1.3 准备网上开店所需的资质材料

商家在查看网店入驻流程后，可根据流程中所提及的步骤准备所需资料。在淘宝平台上开店，商家需要提前选择好自己的开店身份和店铺主体类型，并准备好相关的资质材料。

如果商家不知道应该准备哪些资质材料，同样可以通过电商平台的官方网站进行查询。例如，在"淘宝招商"页面中点击"资质材料"按钮，即可进入"资质材料"页面，根据不同的商家身份和店铺主体查看所需的资质材料，如图2-4所示。

图2-4 "资质材料"页面

在淘宝平台上开店，商家需要根据不同的店铺主体类型和开店身份，提前准备好主体信息资质相关材料（必备）和商家身份认证相关材料（非必备），具体内容如表2-2和表2-3所示。

表2-2 主体信息资质相关材料（必备）

店铺主体类型	定义	准备材料
个人商家	以个人身份证作为主体信息进行入驻	（1）个人身份证人像面、国徽面原件照 （2）已实名认证的个人支付宝账号
个体工商户商家	以个人身份证或个体工商户营业执照为主体进行入驻	（1）个人身份证人像面、国徽面原件照 （2）已实名认证的个人支付宝账号或已实名认证的企业支付宝账号 （3）属于入驻人本人的个体工商户营业执照
企业商家	以企业营业执照为主体进行入驻	（1）企业营业执照（类型处显示为：××公司/企业/农民专业合作社等） （2）已实名认证的企业支付宝账号 （3）法定代表人身份证人像面、国徽面原件照 （4）店铺经营人身份证人像面、国徽面原件照（如果法人本人可以操作扫脸认证，可不准备）

表2-3 商家身份认证相关材料(非必备)

商家开店身份	准备材料
普通商家	无须准备身份认证材料
达人商家	(1)达人账号管理后台截图;(2)外站账户与店主关系证明文件
品牌商家	(1)商标注册证;(2)品牌授权书/独占授权书
大学生商家	学生证、学生卡、录取通知书(三选一)

2.2 网上开店必备的硬件和软件

虽说网上开店投资少,操作简单,但也需要具备一些最基本的条件。例如,常用的电脑、网络和打印机等硬件设备及图像处理软件、办公软件等。想要网上开店的商家应当熟悉这些硬件和软件的使用方法。

2.2.1 硬件要求

网上开店虽然投资少,但也需要卖家准备一些常用硬件设备,如电脑、网络、相机等,这些硬件设备的用途如表2-4所示。

表2-4 开网店的硬件设备及用途

硬件名称	用途
电脑	商家需要准备一台或多台电脑,用于联系厂家、客户,上传商品等
网络	无论是手机还是电脑,都需要网络的支持才能顺利开展工作。商家在开店前可咨询当地运营商,开通网络套餐
相机	商家可准备一台相机,尝试从不同角度拍摄商品,展现商品的卖点

以上硬件设备没有统一的标准,商家可根据自己的实际情况酌情加减。下面将商家分为体验型商家、兼职型商家和专业型商家三大类,并对他们的硬件要求和配置情况进行罗列,以供各位电商商家参考。

1. 体验型商家

体验型商家大多是刚刚踏入电商行业的创业者,对网上开店和电商的相关知识了解甚少,重在体验。这类商家开店的成本投入较少,商品图片基本选择沿用厂家提供的商品图片,无须购置相机拍摄图片。针对这部分商家而言,有一台可以上网的电脑和一部可以上网的智能手机即可。随着店铺的发展,再逐步增加相机、打印机等设备。

2. 兼职型商家

部分兼职开设网店的商家,对网店经营虽不精通,但对商品还是比较熟悉的,能快速找到商品的卖点。因此,这类商家最好可以购置一台相机,将自己的商品多角度地展现在消费者面前。故兼职型商家的硬件设备通常需要一台可以上网的电脑、一台高品质的数码相机及一部可以上网的智能手机。

3. 专业型商家

专业型商家基本上会将全部的精力用于网上开店，且交易额较高，所以他们对硬件要求较高。这类商家的硬件设备主要包括办公场所、电脑、相机、手机、固定电话、打印机、直播设备等。

- 办公场所：特别是针对规模较大的网店而言，需配备美工、客服、运营等多个部门的工作人员，故需要商家提供办公场所。
- 电脑、相机、手机：如前面所述，这些硬件主要用于拍摄商品图片、联系厂家和客户等。
- 固定电话：方便工作人员联系厂家及客户。如库房人员可随时与厂家联系，保证货源畅通、货物准时。
- 打印机：部分需书面保存的电子文本资料，可通过打印机完成。
- 直播设备：可招聘主播，通过直播形式销售商品。

2.2.2 软件要求

商家除需购入必要的硬件设备外，还需要掌握一些常用的软件技能和技巧，如图像处理软件、办公软件、聊天软件等。

1. 图像处理软件

与实体店的面对面销售不同，网上销售主要通过文字、图片及视频向消费者传递商品信息。同一款商品，如果商品图片有着明显差异，很可能拉开商品与商品之间的销量差距。所以，商家需要掌握图像处理软件的使用方法，制作出异于同类商品的优秀图片。常见的图像处理软件主要包括Photoshop、美图秀秀等。Photoshop是Adobe公司推出的一款图像处理软件，有"图像处理大师"的美誉，是目前应用较为广泛的图像处理软件之一。Photoshop功能十分强大，也容易上手，是众多电商商家首选的图像处理软件。Adobe Photoshop CS6界面如图2-5所示。

图2-5　Adobe Photoshop CS6界面

2. 办公软件

商家在经营网店的过程中，还需用到一些办公软件。例如，微软的 Office 系列办公软件，主要包括 Word、Excel、PowerPoint、Outlook、Access 等，如图 2-6 所示。

其中，Excel 应用最为广泛。Excel 经常被用于初级的数据分析和处理，具有强大的数据分析、统计功能，直观的数据图表展示，良好的兼容性，以使用门槛低、上手快、用户体验佳等特点成为大众首选的数据分析办公软件。

图 2-6　Office 主要包括的软件

3. 聊天软件

为便于商家与客户之间的联系，商家必须能熟练地运用一些网上即时聊天软件，如淘宝旺旺、腾讯 QQ 和微信等。因为网上交易过程中，很多信息需通过打字聊天完成。商家只有认真地回答客户问题，打消客户心中疑虑，才能更快速地促成订单。某客户与商家的淘宝旺旺聊天界面如图 2-7 所示。

图 2-7　某客户与商家的淘宝旺旺聊天界面

2.3　网店的注册与开通

商家在满足网店开设要求和规定的前提下，就可以进行网店注册了。就目前而言，无论是个人类型店铺还是企业类型店铺，无论是在电脑端操作还是在移动端操作，淘宝开店都是免费的。但为保障消费者利益，开店成功后，部分类目需缴纳一定额度的消保保证金，保证金是可以退还的。

这里以淘宝平台的个人店铺为例，进行详细讲解。因为在淘宝平台的 3 种店铺类型中，个人店铺的开设最容易，且审核通过率也很高，门槛较低，费用比较少。

◎**步骤1** 打开淘宝网首页，登录自己的淘宝账号，如果没有淘宝账号，需要先注册一个，如图2-8所示。

图 2-8 登录淘宝账号

> **提示** 若进入开店流程，但是没有淘宝账号，则可以选择短信入驻——填写手机号码，输入验证码之后会自动生成淘宝账号。若已经有淘宝账号，则可以直接选择密码登录。

◎**步骤2** 点击淘宝首页右上角的"免费开店"按钮，如图2-9所示。

图 2-9 点击"免费开店"按钮

◎**步骤3** 进入"淘宝招商"页面，商家身份默认为"普通商家"，向下滑动页面，可以看到"个人商家""个体工商户商家""企业商家"等选项，这里点击"个人商家"下面的"去开店"按钮，如图2-10所示。

图 2-10 点击"个人商家"下面的"去开店"按钮

▷**步骤4** 弹出"个人开店"注册页面，根据提示填写店铺名称及手机号码等信息，勾选协议，点击"0元开店"按钮，如图2-11所示。

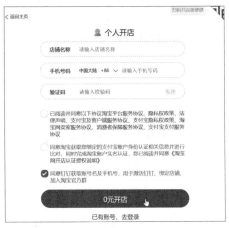

图 2-11　点击"0 元开店"按钮

▷**步骤5** 系统跳转至"千牛卖家中心"页面，根据页面提示依次进行支付宝认证、信息采集、实人认证，并缴纳保证金，如图2-12所示。

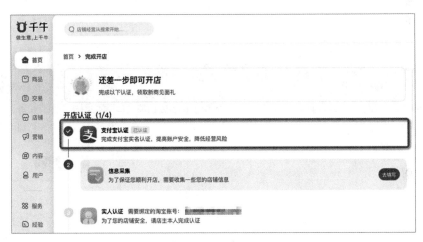

图 2-12　开店认证

▷**步骤6** 完成开店认证后，系统自动跳转至开店完成页面，如图2-13所示。

图 2-13　开店完成页面

完成以上操作后，商家即可成功创建一个淘宝个人店铺。后续商家可以通过"千牛卖家中心"对淘宝店铺进行管理，发布和推广商品。

课堂实训

任务　通过电商平台的官方网站查询网店的开设条件和要求

任务说明

××服装公司是一家线下经营的传统服装企业,由于近年来实体经济不景气,所以该公司的老板现在想转型做线上电商。于是专门聘请了一位电商人员小李,来负责网上店铺的开设和运营。现在小李需要通过"淘宝网·商家服务大厅"查询淘宝平台不同店铺类型的开店要求。

任务目标

学生能够借助平台搜集信息,分析、归纳不同类型店铺的开设要求。

任务实施

步骤1 打开"淘宝网·商家服务大厅"网站,点击页面右上角的"知识库"按钮,如图2-14所示。

图2-14　点击"知识库"按钮

步骤2 打开"知识库"页面,在页面左侧的"开店"选项中点击"开店条件"链接,如图2-15所示。

图2-15　点击"开店条件"链接

除此之外，还可以直接在"淘宝网·商家服务大厅"首页的搜索框中输入"开店要求""企业店铺注册""天猫店铺注册"等关键词，在相关的搜索页面中查找所需要的资料，如图 2-16 所示。

图 2-16 搜索"开店要求"

 项目评价

【项目评价表 1——技能点评价】

序号	技能点	达标要求	学生自评		教师评价	
			达标	未达标	达标	未达标
1	淘系里能开哪些类型的店铺	（1）能够说出淘系里有哪些类型的店铺 （2）能够辨别出不同店铺的类型				
2	每个类型店铺所需要的条件	能够说出每个类型店铺所需要的资质				
3	完成自己店铺的注册	（1）能够完成淘宝账号的注册 （2）能够完成支付宝账号的注册 （3）能够完成支付宝认证和开店实人认证				

【项目评价表 2——素质点评价】

序号	素质点	达标要求	学生自评		教师评价	
			达标	未达标	达标	未达标
1	敏锐的洞察力	（1）具备敏锐的洞察力 （2）善于搜集有用的资讯和好的思路想法				
2	良好的分析能力和归纳总结能力	（1）具备较强的分析总结能力 （2）逻辑思维能力强，善于分析相关资料并归纳总结				
3	独立思考能力	（1）遇到问题善于思考 （2）具有解决问题和创造新事物的意识				

思政园地

不断做强、做大我国数字经济

习近平总书记在 2021 年 10 月 18 日主持中共中央政治局第三十四次集体学习时强调,要站在统筹中华民族伟大复兴战略全局和世界百年未有之大变局的高度,统筹国内国际两个大局、发展安全两件大事,充分发挥海量数据和丰富应用场景优势,促进数字技术与实体经济深度融合,赋能传统产业转型升级,催生新产业新业态新模式,不断做强做优做大我国数字经济。我们要深刻领会、准确把握,大力推动我国数字经济健康发展。

1. 发展数字经济意义重大

推动数字经济健康发展,是以习近平同志为核心的党中央,聚焦我国社会主要矛盾变化,推动实现高质量发展和建设社会主义现代化强国作出的重大战略决策,意义重大而深远。

2. 我国数字经济发展较快、成效显著

党的十八大以来,我国深入实施网络强国战略和国家大数据战略,建设数字中国、智慧社会,加快推进数字产业化和产业数字化,数字经济发展取得显著成效。2020 年,我国数字经济核心产业增加值占国内生产总值比重达到 7.8%,数字经济对经济社会的引领带动作用日益凸显。

3. 不断做强做优做大我国数字经济

当前,百年变局加速演进,国际力量对比深刻调整,我国经济发展面临需求收缩、供给冲击、预期转弱三重压力,对加快推动数字经济发展提出新的要求。必须以实现高水平自立自强为战略支撑,以数字技术与实体经济深度融合为主线,以数字红利惠及更广大人民群众为根本目的,完善数字经济治理体系,筑牢数字安全屏障,构建数字合作格局,不断做强做优做大我国数字经济。

根据上述材料回答以下问题。

(1)谈谈你对我国数字经济的看法。

(2)推动数字经济对电子商务发展能起到哪些促进作用?

课后习题

一、单选题

1. 一个刚毕业的大学生没有注册公司，他暂时只能在淘宝上开设（　　）。
   A. 淘宝个人店铺　　B. 企业店铺　　C. 天猫旗舰店　　D. 天猫专营店

2. 个人店铺中不需要的条件是（　　）。
   A. 商标注册证　　B. 个人身份证　　C. 个人支付宝认证　　D. 淘宝个人账号

3. 如果你想开天猫店铺，你需要满足的最基本的条件是（　　）。
   A. 营业执照　　B. 上市公司　　C. 外企　　D. 国家单位

4. 个人店铺和企业店铺在标志上有什么不同（　　）。
   A. 搜索页有"企业"两个字　　B. 搜索页有一个"企"字标
   C. 标志上没有不同　　D. 搜索页有"公司"两个字

5. 下列关于个人淘宝店铺说法正确的是（　　）。
   A. 需要开通对公账户　　B. 要有营业执照
   C. 个人身份证就可以开通　　D. 要有品牌商标

二、多选题

1. 开通个人店铺所需要的条件是（　　）。
   A. 个人身份证　　B. 个人支付宝　　C. 营业执照　　D. 产品质检报告

2. 开通企业店铺所需要的条件是（　　）。
   A. 营业执照　　B. 企业支付宝认证　　C. 加工厂　　D. R标

3. 以下选项中，天猫店铺所需要的条件是（　　）。
   A. 企业营业执照　　B. 银行开户许可证　　C. 产品质检报告　　D. 商标注册证书

4. 我们可以在淘系开设哪几个类型的店铺（　　）。
   A. 个人淘宝店　　B. 企业淘宝店　　C. 天猫旗舰店　　D. 拼多多旗舰店

三、判断题

1. 淘宝上开设个人店铺需要缴纳一千元的费用。（　　）
2. 个人店铺可以升级为企业店铺。（　　）
3. 天猫店铺的生意肯定要比个人店铺的生意好。（　　）

4. 淘宝个人店铺只能用手机注册。　　　　　　　　　　　　　　　　（　　）

5. 淘宝个人店铺的支付宝认证只需要个人认证即可。　　　　　　　（　　）

6. 淘宝个人店铺和企业店铺在经营方式和优势上基本相同。　　　　（　　）

四、简答题

1. 个人店铺和企业店铺在开设条件上有何区别？

_____

_____

_____

2. 天猫店铺、企业店铺是不是一定比个人店铺的生意好？上网查一查，简要说明做好店铺还需要一些什么条件。

_____

_____

_____

项目三

网店后台基础设置

项目导入

网店后台管理对于商家来说是非常重要的，商家只有在了解和熟悉网店后台的前提下，才能更好地明确网店工作权限，提高工作效率，减少操作失误，使网店得到更好的发展。

本项目将带领大家进入店铺后台管理界面，学习淘宝店铺基本设置、宝贝分类管理、子账号及物流模板创建等相关知识。

学习目标

知识目标

1. 学生能够说出店铺基本设置、宝贝分类管理、子账号设置及物流模板设置的路径入口。
2. 学生能够说出店铺信息设置的规范。
3. 学生能够说出宝贝分类管理的设置流程。
4. 学生能够说出淘宝子账号的概念、作用、赠送规则及创建过程中的常见问题。
5. 学生能够说出子账号与客服的区别。
6. 学生能够说出包邮的定义并列举常见不包邮的偏远地区。
7. 学生能够说出运费模板创建过程中的常见问题。

能力目标

1. 学生能够根据操作流程完成店铺基本信息的设置。
2. 学生能够根据操作流程完成店铺宝贝分类中添加手动分类的操作。
3. 学生能够根据操作流程完成不同岗位子账号的创建、权限设置及客服分流。
4. 学生能够根据操作流程完成不同情况下运费模板的创建。

素质目标

1. 学生具备敏锐的洞察力。
2. 学生具备良好的分析能力和归纳总结能力。
3. 学生具备独立思考能力和创新能力。
4. 学生具备较强的实践能力。

课前导学

3.1 店铺基本设置

注册好一个店铺后,接下来商家需要进一步设置店铺信息,如设置店铺名称、上传店招、填写店铺简介等内容,这些工作有利于增强客户对店铺的信任感。下面以设置一个淘宝个人店铺为例,进行详细讲解。

3.1.1 店铺基本设置入口

淘宝网提供的"店铺基本设置"功能可以帮助商家快捷方便地完成各项店铺设置,如设置店铺名称、店招、店铺简介等。淘宝个人店铺的基本设置步骤如下。

步骤1 在淘宝账号登录的状态下,点击页面右上角的"千牛卖家中心"按钮,如图3-1所示。

图3-1 点击"千牛卖家中心"按钮

步骤2 进入"千牛卖家中心"页面,依次选择"店铺"→"店铺信息"选项,打开店铺信息页面,可以看到店铺名、店招、开店时间等信息,点击右侧的"修改信息"按钮,如图3-2所示。

图3-2 点击"修改信息"按钮

◎**步骤 3** 进入店铺基本设置界面,如图 3-3 所示。淘宝店铺的基本设置包含店铺名称、店铺标志、店铺简介、经营地址、主要货源和店铺介绍这 6 个内容。

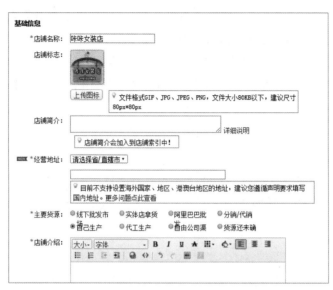

图 3-3 店铺基本设置界面

3.1.2 店铺信息设置的规范

店铺名称、店铺标志、店铺简介等内容都与店铺的发展息息相关,特别是一些利于信息宣传的信息,能进一步加深客户对店铺的印象,从而留下更多精准客户。在设置这些信息时,也有相应的技巧和方法。

1. 店铺名称

店铺名称设置是店铺基本设置的必要操作,店铺名称不仅仅是一家店的代号,更是外观形象的重要组成部分。从一定程度上讲,好的店铺名称能迅速地把店铺的经营理念传递给消费者,对店铺的流量具有很大的影响。淘宝店铺命名应遵循以下三大原则。

(1) *店名言简意赅*

店铺名称要响亮、上口、易记,尽量使用中文,这样才便于传播。凡是能与顾客心理产生共鸣的名称,一般都容易被顾客记住,人们也乐于传播,特别是一些比较幽默、具有深厚内涵的名称。同时,为了保障店铺名及店铺其他信息的规范性,淘宝集市店铺名中不允许出现如"旗舰店""专卖店""旗舰"等近似违规信息;或者非全球购买手的商家使用了"买手/全球购"等违规信息等。

(2) *店名易于传播*

有的开店者做木材生意,就在店铺名称中添加个"懋"字;有的为图吉利,常用繁体字,比如把"丰"字特意写成"豐"字。小店铺面对的是大众消费群体,在命名时应尽可能精简,内容立意要深,又要顺口,易记易认,使消费者一目了然。繁体字固然新颖,但有很多顾客不会辨认繁体字,会影响店铺在消费者中的口碑传播。

（3）*店名与产品特性相辅相成*

店铺名称不能含糊，不仅讲究通俗易懂、朗朗上口，更重要的是能体现商品的消费特征，与本店所销售的商品相吻合。最好名称后面加上做什么的，比如"××女装店""××箱包"。

目前，淘宝店铺名 180 天内允许修改 3 次，商家需谨慎修改。店铺名修改后会有滞缓期，一般为 24 小时生效。但需要注意的是，天猫店铺入驻审核通过后，店铺名是天猫授权的，一旦生成就无法修改。

2. 店铺标志

店铺标志代表着一个店铺的形象，会在淘宝搜索店铺时显示出来，代表店铺的风格、产品特性等，也能起到宣传店铺的作用。因此，在设计店铺标志的过程中需要在图片中凸显出企业的经营产品，彰显企业的独特性。在上传图标时应注意，文件格式为 GIF、JPG、JPEG、PNG，文件大小为 80KB 以下，建议尺寸为 80px*80px。

3. 店铺简介

店铺简介是消费者对店铺的初步认知，一个好的店铺简介可以增强顾客对店铺的信任感，增加静默下单转化率，这里的内容直接影响着店铺的搜索情况，因此淘宝店铺在填写简介时一定要内容高度精密，彰显重点，可以在这里写上店铺动态、主营宝贝等，使大家更好地了解店铺及企业。

4. 经营地址

经营地址需要填写商家的实际联系地址，目前不支持设置海外国家、地区、港澳台地区的地址，建议遵循声明要求填写境内地址。该地址要能作为行政机关和司法机关送达法律文件的地址，如果上述地址信息有误，商家需要承担由此带来的平台处罚、行政监管和司法诉讼风险。

5. 主要货源

主要货源包含线下批发市场、实体店拿货、阿里巴巴批发、分销/代销、自己生产、代工生产、自由公司渠道、货源还未确定等选项，商家根据实际情况选择准确的货源方式即可。如果货源还不确定，可以选择"货源还未确定"选项。

6. 店铺介绍

店铺介绍主要包括经营品牌、商品、属于什么风格特点等内容。店铺介绍更多的是起到传播和宣传店铺的作用，因此可以把产品优势、店铺特点、购物流程、联系方式、物流方式、售后服务、温馨提示等都写上去。也可以参照别人的书写格式，看看同类淘宝店铺介绍是怎么写的，再结合自己的情况，写出适合自己的淘宝店铺介绍。

3.2 商品分类设置

网店经营的商品多种多样，一家网店有可能同时经营多种属性类目的商品。淘宝网为了方便商家在品牌下面再添加商品属性分类，引导客户尽快找到他们需要的商品，专门推出了"宝贝分类管理"功能。商品分类管理会让客户更容易找到想要的商品,尤其是在商品种类繁多时,因此做好商品分类管理很有必要。商品分类设置的操作步骤如下。

▶步骤1 在淘宝账号登录的状态下,点击页面右上角的"千牛卖家中心"按钮,进入"千牛卖家中心"页面,然后在左侧工具栏中的"店铺管理"选项下点击"宝贝分类管理"链接,如图3-4所示。

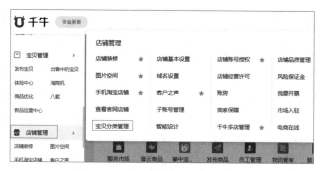

图 3-4 点击"宝贝分类管理"链接

▶步骤2 系统自动跳转至淘宝旺铺的"分类管理"页面,如图3-5所示。

图 3-5 "分类管理"页面

▶步骤3 点击"添加手工分类"按钮,在"分类名称"栏中输入新分类,若一级类目下有二级分类,则可以添加子分类,同时还可以添加分类图片,图片宽度在160像素以内。若需调整类目顺序,则可以通过上下小箭头来调整分类的上下排列顺序,让更重要、更有吸引力的分类排在上面,如图3-6所示。

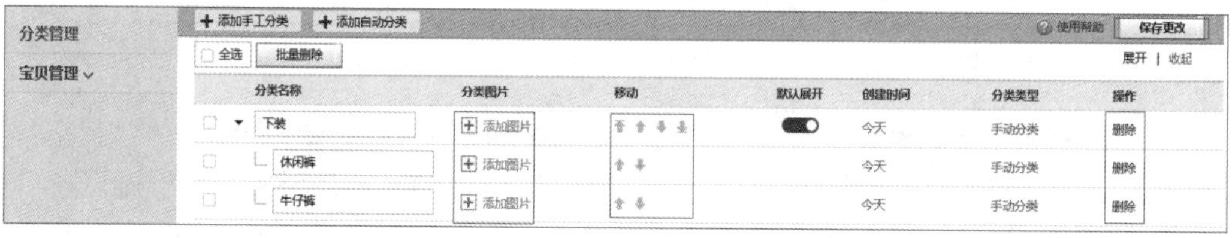

图 3-6 点击"添加手工分类"按钮

完成后点击右上角的"保存更改"按钮,24小时生效。

3.3 运费模板设置

凡是在网上交易的实物商品,都需要通过物流来进行运输。而物流费用的多少及谁承担等问题,向来是客户非常关心的问题,也在一定程度上决定了客户购买与否。因此,商家可以针对不同分类的商品,提前设置好专门的运费模板,在发布商品时,指定对应的模板即可。

3.3.1 包邮的定义

包邮是指商家对所售商品承担大陆地区(指除香港、澳门、中国台湾地区外的中国所有省、自治区和直辖市)首次发货的运费。

地区是否包邮一般是根据产品利润及当地快递的费用来决定的。如果产品利润比较高或运费比较低,一般建议设置为全国包邮,这样比较有竞争力。如果产品利润比较低或运费比较高,那么就根据实际情况进行设置。

有些快递会根据自己的站点分布情况及业务能力再划分一些省份,运费成本也很高。常见的不包邮地区有新疆、西藏、内蒙古、青海、宁夏、甘肃、香港、澳门、中国台湾及海外等地区。不包邮是因为这些地方地理位置偏僻,地广人稀,运费成本高。

3.3.2 运费模板的创建

如果为每件商品都设置一次运费,商家的工作量会非常大。实际上,很多商品都使用同一个运费标准,因此商家可以预先设置一个运费模板,然后在发布商品时指定该模板即可。这样卖家就可以很方便地为一批商品设置相同的运费了,当运费模板被修改后,这批商品的运费也将一起被修改。下面以设置某个运费模板为例,介绍设置运费模板的具体步骤。

▷**步骤1** 在淘宝账号登录的状态下,点击页面右上角的"千牛卖家中心"按钮,进入"千牛卖家中心"页面,然后在左侧工具栏中的"物流管理"选项下点击"物流工具"链接,如图3-7所示。

▷**步骤2** 进入新页面,选择"运费模板设置"选项卡,点击"新增运费模板"按钮,如图3-8所示。

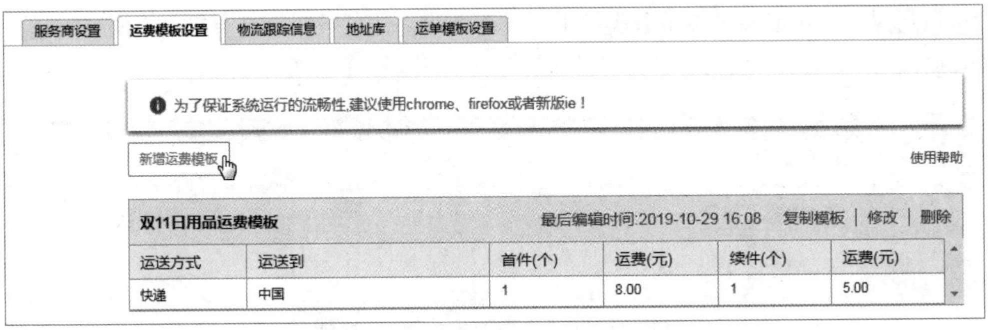

图 3-7 点击"物流工具"链接

图 3-8 点击"新增运费模板"按钮

▷**步骤3** 进入运费模板设置页面,设置模板名称、宝贝地址、发货时间、是否包邮及计价方式等信息;在"运送方式"栏中选中"快递"复选框,然后点击"为指定地区城市设置运费"链接,如图3-9所示。

图 3-9　设置运费模板的相关信息

▷**步骤 4**　出现快递设置框，设置默认运费的相关内容，然后点击"编辑"按钮，如图 3-10 所示。

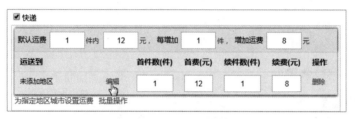

图 3-10　点击"编辑"按钮

▷**步骤 5**　出现地区设置框，选择使用该运费模板的地区，点击"保存"按钮，如图 3-11 所示。

图 3-11　选择使用运费模板的地区

⊙**步骤6** 返回运费模板设置页面,点击"保存并返回"按钮,即可完成运费模板的设置,如图 3-12 所示。

图 3-12 完成运费模板的设置

知识拓展

物流模板创建过程中的常见问题

- 模板名称:商家可自己输入运费模板的名称,这个名称不会在前台展示,取个便于自己识别的即可,用于区分不同设置的运费模板。注意,不能出现特殊字符,否则将无法显示。
- 宝贝地址:即商品的所在地,搜索页面宝贝所在地的展示地址。
- 是否包邮:商品是不是商家承担运费;对于是否包邮的问题,正常情况下,偏远地区都是不包邮的,而除偏远地区外的大部分地区是包邮的。但如果店铺商品单价太低,也可以选择都不包邮。
- 计价方式:商品运费分为按件数、重量、体积三种方式进行计算;如商品按重量或体积进行计算,需要在商品的发布页面将"运费模板"属性中的重量或体积信息填写完整;如果是比较大、比较重的产品,建议选择按重量或体积来计算运费。
- 运送方式:分为快递、EMS、平邮三种。其中,快递指的就是我们平常所用到的快递,如顺丰、韵达、圆通等;EMS 是邮政的一种快递,时效和前面的快递差不多;平邮就是我们所说的邮政局包裹,时效是最差的,与寄信的时效差不多,而且容易丢件。运费是在海上或陆地运输中托运人、承租人或其他有关方对承运人提供的运输服务所支付的报酬,一般在设置运费模板时都是选择快递。快递的选择及运费根据发货地的实际价格填写,在运费设置上注意把偏远地区、港澳台及海外地区的收件运费和续件运费都设置高一些,以防止这些地区拍下不好进行售后处理。同时,也要结合店铺的实际运营情况来设置相关的运费模板,这样才能够让店铺运营得更好。

3.4 子账号设置

在经营网店的过程中,有时需要多名网店工作人员同步操作店铺信息,如同时上架商品、接待客户、修改商品详情页等。那么,如何让更多人同时操作呢?这里可借助子账号来开通更多员工的权限。

3.4.1 子账号的概念和作用

淘宝子账号业务是淘宝网及天猫提供给商家的一体化员工账号服务。商家使用主账号创建员工子账号并授权后,子账号可以登录旺旺接待客户咨询,或者登录"卖家中心"帮助商家管理店铺,并且主账号可对子账号的业务操作进行监控和管理。通俗来说,子账号就是店铺的员工账号。

淘宝子账号的作用主要体现在店铺账号安全和高效员工管理两个方面。首先,就店铺账号安全而言,主账号权利太大,店铺机密信息易泄露,如支付宝信息、店铺基本信息和数据;同时主账号操作不可控,易进行失误操作,如删除宝贝、修改宝贝价格等导致店铺无法正常运营,发生此类失误后,主账号操作不可查,责任无法对应到具体员工。其次,就高效员工管理而言,创建了子账号,就拥有了清晰的组织机构,主账号这边可以清晰地了解各个部门的分工及权限,提高员工管理效率。因此,子账号的设置至关重要。

知识拓展

子账号与客服的区别

员工可以将子账号作为客服账号使用。另外,商家还可以创建运营、推广、物流、美工等岗位的子账号并授予不同岗位权限。运营岗位可以使用子账号管理商品和店铺;推广岗位可以使用子账号搭配套餐、发送优惠券;物流岗位可以使用子账号发货、修改地址、使用物流小工具;美工岗位可以使用子账号装修店铺。

3.4.2 子账号创建过程中的常见问题

子账号创建过程中的常见问题主要包括子账号无法新建、子账号名称修改和子账号同时登录等。

1. 子账号无法新建

子账号无法新建的原因主要有 4 种：一是店铺可新建子账号数量已用完；二是名称中含有特殊字符；三是名称存在敏感词或 nick 不合法；四是员工信息格式不符。

（1）店铺可新建子账号数量已用完

子账号是赠送的，不能购买。子账号免费的数量是根据店铺星级等综合维度计算的，商家可以在子账号管理后台首页查看相应数量，如图 3-13 所示。实际可使用数量以后台提示为准，当新建员工子账号数量不够时，可以选择删除不用的账号后再新建子账号。

图 3-13　查看子账号新建名额

（2）名称中含有特殊字符

若提示系统忙，请稍后再试，可能是因为创建的子账号中含有特殊字符，建议更换子账号名称重新创建。

（3）名称存在敏感词或 nick 不合法

若提示名称存在敏感词或 nick 不合法，则需更换子账号名称后新建。例如，主账号名称是"淘宝品牌店"，子账号名称可以自定义主账号冒号后面的名字"淘宝品牌店：小张"或"淘宝品牌店：小王"等。

（4）员工信息格式不符

若提示填写的员工信息格式不符，则需排查是否有必填信息没有填写，或者填写内容不正确。例如，子账号名称存在特殊字符，或者手机号码填写了非 11 位数字等。

2. 子账号名称修改

客户通过淘宝旺旺咨询时，客服接待显示的客服名称是子账号的后缀名，若是主账号接待，则显示主账号的名称，但子账号或主账号的名称是不支持修改的，创建子账号时可以自行命名子账号的后缀名，创建后就不支持修改了。商家可以删除该子账号重新创建，设置自己想要的子账号名称。

3. 子账号同时登录

一个账号只能同时在一台电脑或一部手机千牛上登录，但可以手机端千牛和电脑端千牛同时登录，且能同时收到消息。

3.4.3　子账号的设置步骤

为了更好地接待客户咨询，商家需要使用主账号为员工创建客服子账号。下面就以设置一个客服子账号为例，为某客服开通客户接待渠道，具体操作步骤如下。

◇**步骤1**　在淘宝账号登录的状态下,点击页面右上角的"千牛卖家中心"按钮,进入"千牛卖家中心"页面,依次选择"店铺"→"店铺管理"→"子账号管理"选项,进入"子账号管理"页面,点击"新建子账号"按钮,如图3-14所示。

图3-14　点击"新建子账号"按钮

◇**步骤2**　进入"新建子账号"页面,完善子账号的账号名称、部门等信息,点击"确认新建"按钮,如图3-15所示。

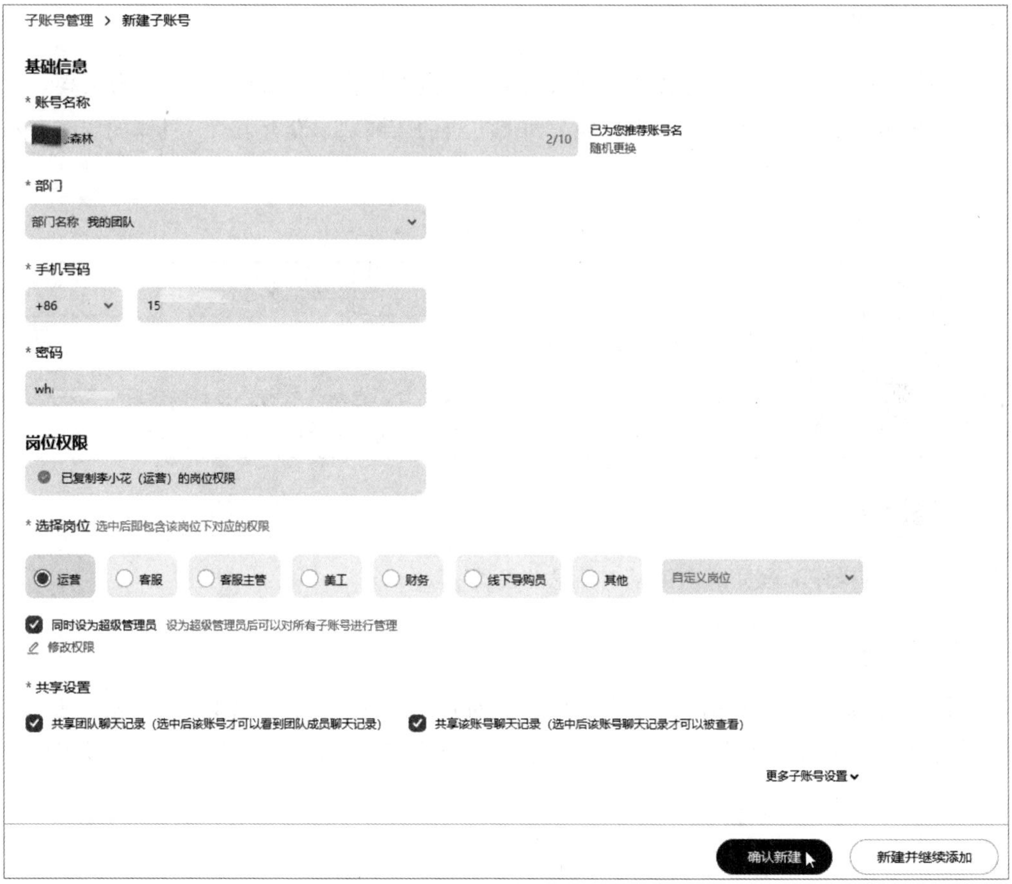

图3-15　点击"确认新建"按钮

▷**步骤 3** 跳转至子账号页面，可以看到新建的子账号信息，包括账号名称、部门、岗位等信息，如图 3-16 所示。

图 3-16 子账号页面

根据以上步骤，即可完成子账号的设置。

课堂实训

任务一　对某女装淘宝店进行店铺基本设置

📋 任务说明

小李毕业后成功地进入了一家以淘宝平台为依托，主要销售女装商品的电子商务公司。在进入公司后，电子商务部主管小王安排小李完成公司淘宝店的店铺基本设置工作。具体的店铺基本信息如表 3-1 所示。

表 3-1　店铺基本信息

店铺名称	咔咔女装店	主要货源	自己生产
经营地址	浙江省杭州市余杭区仁和街道 56 号		
店铺介绍	欢迎光临咔咔女装店，本店主营女装类目，包括连衣裙、衬衫、休闲裤及服饰配件等，所有商品均有质量保证，本店 24 小时在线提供优质的售后服务，敬请放心购买		

📋 任务目标

学生能够根据操作流程完成店铺基本信息的设置。

📋 任务实施

▷**步骤 1**　在淘宝账号登录的状态下，点击页面右上角的"千牛卖家中心"按钮，进入"千牛卖家中心"页面，依次选择"店铺"→"店铺信息"→"修改信息"选项，进入店铺基本设置界面，如图 3-17 所示。

项目 三
网店后台基础设置

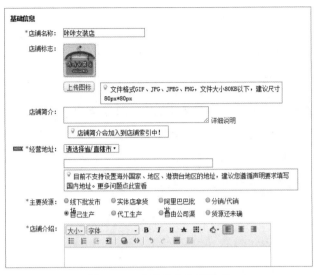

图 3-17 店铺基本设置界面

步骤 2 根据给出的素材完成店铺基本信息的设置，注意带星号的为必填项。完成相关信息填写后，勾选声明，点击"保存"按钮即可，如图 3-18 所示。

图 3-18 店铺基本设置保存界面

任务二 不同岗位子账号的创建、权限设置及客服分流

📋 任务说明

随着公司发展的需要，咔咔女装店招聘了一批工作人员，分别从事运营、推广、客服等岗位，以提升网店运营效率。电子商务部主管小王安排小李在店铺后台设置新招聘员工的信息，不同的岗位具有不同的岗位职责，以方便后期的监督管理和工作开展。结合店铺实际情况，小李首先为店铺创建了以下 3 个工作岗位，具体的员工基本信息如图 3-19 所示。

姓名	选择岗位	部门	账号名	安全验证手机	花名	办公地点	职务	证书允许开启设备	岗位权限	共享设置
李幻巧	客服专员	客服部	李幻巧	1315****369	巧巧	杭州	1级-员工		商品、交易、用户	1.共享团队聊天记录 2.共享该账号聊天记录
王浩一	运营专员	运营部	王浩一	136****6398	浩浩	杭州	1级-员工	3	商品、交易、店铺、营销、用户、内容、服务、数据	
魏程阳	推广专员	推广部	魏程阳	133****4589	阳阳	杭州	1级-员工	2	商品、营销、数据	

图 3-19 员工基本信息

任务目标

学生能够根据操作流程完成不同岗位子账号的创建、权限设置及客服分流。

任务实施

步骤1 在淘宝账号登录的状态下，点击页面右上角的"千牛卖家中心"按钮，进入"千牛卖家中心"页面，依次选择"店铺"→"店铺管理"→"子账号管理"选项，进入"子账号管理"页面，点击"新建部门"按钮，如图3-20所示。根据图3-19中给出的信息完成运营部、客服部、推广部三个部门的信息添加。

图3-20 点击"新建部门"按钮

步骤2 创建完店铺部门后，开始为新员工创建独立的子账号。点击新建好的部门，如"运营部"，再点击"新建子账号"按钮，根据给出的信息完成运营专员、客服专员、推广专员三个岗位的信息添加，并修改店铺中不同员工的岗位权限，如图3-21和图3-22所示。

图3-21 新建子账号

图3-22 岗位权限设置

步骤3 在"店铺管理"页面中，将页面切换到"客服分流"选项卡下，若店铺当前没有设置分流组，则点击"分组设置"按钮，设置分流组名称及分流组中要加入的店铺子账号及接待范围，如图3-23所示。

项目 三 网店后台基础设置

图 3-23　点击"分组设置"按钮

▶**步骤 4**　商家可以根据需要设置不同的客服分组，如将所有客服根据订单的处理流程分成售前客服和售后客服两组，如图 3-24 所示。

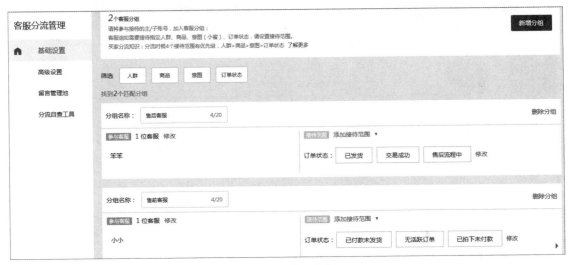

图 3-24　客服分组

> 提示　需要注意的是，若主账号想要分流，则也需要添加到客服分组中。

任务三　不同情况下运费模板的创建

任务说明

小李在进入公司一段时间后，电子商务部主管小王安排小李根据店铺实际运营情况，分别在网店后台创建全国包邮运费模板、全国不包邮运费模板、指定地区城市包邮运费模板及指定条件包邮运费模板，商品均从浙江省杭州市余杭区仁和街道 56 号进行发货。下单后 2 天内发货，快递按件数收费。

任务目标

学生能够根据操作流程完成全国包邮、全国不包邮、指定地区城市包邮及指定条件包邮运费模板的创建。

任务实施

步骤1 在淘宝账号登录的状态下,点击页面右上角的"千牛卖家中心"按钮,进入"千牛卖家中心"页面,然后在左侧工具栏中的"物流管理"选项下点击"物流工具"链接,接着选择"运费模板设置"选项卡,点击"新增运费模板"按钮,如图3-25所示。

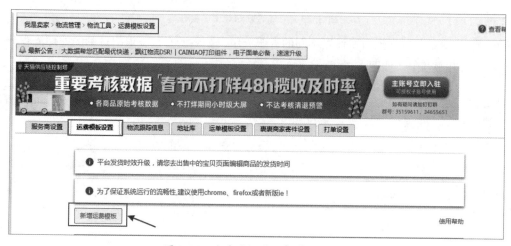

图 3-25 点击"新增运费模板"按钮

步骤2 新建全国包邮运费模板。根据给出的任务背景完成相关信息的填写,在"是否包邮"栏中选中"包邮"单选按钮,然后点击"保存并返回"按钮即可,如图3-26所示。

图 3-26 新建全国包邮运费模板

步骤3 新建全国不包邮运费模板。根据给出的任务背景完成相关信息的填写,在"是否包邮"

栏中选中"自定义运费"单选按钮,然后点击"保存并返回"按钮即可,如图3-27所示。

图 3-27　新建全国不包邮运费模板

▶**步骤4**　新建指定地区城市包邮运费模板。除偏远地区、港澳台及海外地区外包邮,默认运费设置为1件0元,每增1件0元;港澳台及海外地区运费设置为1件300元,每增1件50元;偏远地区运费设置为1件15元,每增1件8元。在"是否包邮"栏中选中"自定义运费"单选按钮,在"运送方式"栏中选中"快递"复选框,然后点击"为指定地区城市设置运费"链接,如图3-28所示。

图 3-28　点击"为指定地区城市设置运费"链接

▶**步骤5**　弹出"选择区域"页面,勾选港澳台及海外地区,然后点击"保存"按钮,如图3-29所示。

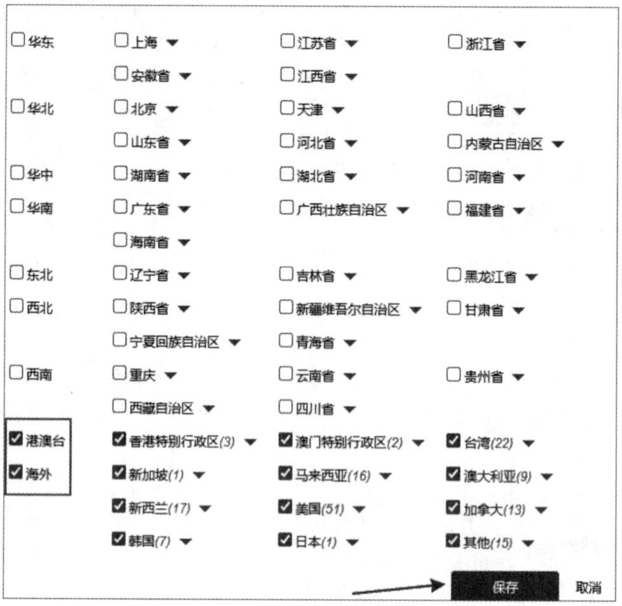

图 3-29　勾选港澳台及海外地区

> **步骤 6**　再一次点击"为指定地区城市设置运费"链接，弹出"选择区域"页面，勾选内蒙古自治区、新疆维吾尔自治区等常见偏远不包邮地区，然后点击"保存"按钮，如图 3-30 所示。

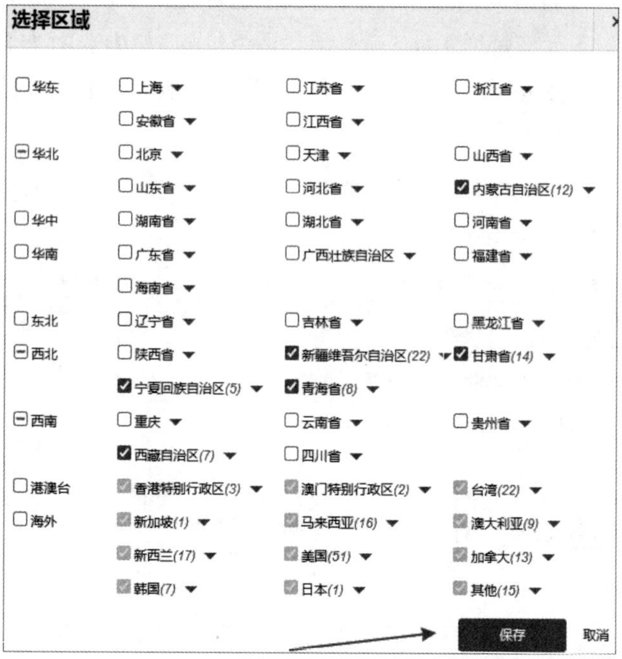

图 3-30　勾选常见偏远不包邮地区

> **步骤 7**　为不包邮地区设置运费，港澳台及海外地区运费设置为 1 件 300 元，每增 1 件 50 元；偏远地区运费设置为 1 件 15 元，每增 1 件 8 元，完成后点击"保存并返回"按钮即可，如图 3-31 所示。

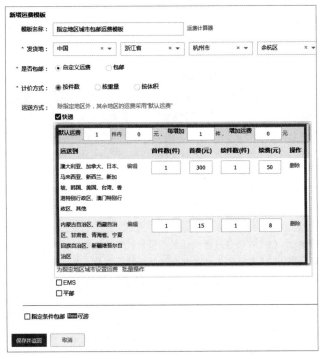

图 3-31 为不包邮地区设置运费

>**步骤 8** 新建指定条件包邮运费模板。在"是否包邮"栏中选中"自定义运费"单选按钮，在"运送方式"栏中选中"快递"复选框，选中"指定条件包邮"复选框，针对指定地区可根据购买件数、金额、件数+金额等设置包邮标准，设置完成后点击"保存并返回"按钮即可，如图 3-32 所示。

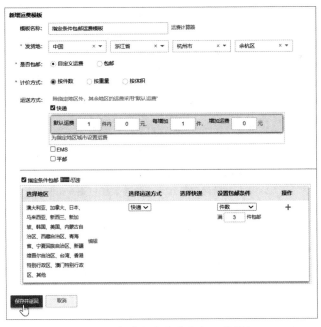

图 3-32 新建指定条件包邮运费模板

项目评价

【项目评价表 1——技能点评价】

序号	技能点	达标要求	学生自评		教师评价	
			达标	未达标	达标	未达标
1	完成店铺基本信息的设置	(1) 店名、店标的规范性 (2) 基本信息填写的准确率				
2	完成店铺宝贝分类中添加手动分类的操作	(1) 手动分类类目名称的正确性 (2) 分类图片正确上传				
3	完成不同岗位子账号的创建、权限设置及客服分流	(1) 不同部门岗位设置及岗位权限的正确性 (2) 客服子账号分流分组及接待范围的正确性				
4	完成不同情况下运费模板的创建	(1) 港澳台及海外地区的运费设置的正确性 (2) 偏远地区的运费设置的正确性 (3) 指定条件包邮的运费设置的正确性 (4) 包邮和不包邮运费模板的设置的正确性				

【项目评价表 2——素质点评价】

序号	素质点	达标要求	学生自评		教师评价	
			达标	未达标	达标	未达标
1	敏锐的洞察力	(1) 具备敏锐的洞察力 (2) 善于搜集有用的资讯				
2	良好的分析能力和归纳总结能力	(1) 具备较强的分析总结能力 (2) 逻辑思维能力强,善于分析相关资料并归纳总结				
3	独立思考能力和创新能力	(1) 遇到问题善于思考 (2) 具有解决问题和创造新事物的意识 (3) 善于提出新观点、新方法				
4	较强的实践能力	(1) 具备社会实践能力 (2) 具备较强的理解能力,能够掌握相关知识点并完成项目任务				

思政园地

疫情之下，电商企业在行动

2022年12月9日，是西安疫情的开始。新型冠状病毒来势汹汹，面对疫情的肆虐，电商企业表现突出，捐款捐物驰援前线，让很多人看到了电商企业协调资源、技术赋能的作用。西安疫情发生后，京东率先送出两批物资，阿里巴巴、拼多多相继捐款1000万，淘菜菜、多多买菜、盒马鲜生、京东健康、阿里健康大药房等都为保障西安人民的基础生活贡献出了自己的力量。此外，邮政、顺丰、京东、中通、韵达、百世、极兔、德邦等多家物流公司也出钱出力，捐赠物资，协助物流运输。

此次疫情的发生，对餐饮、商旅、线下商超等很多行业和企业都产生了影响，全球范围内经济大规模停滞甚至出现倒退情况，实体店铺纷纷关门，足不出户的居民只能通过无面接的网购购买生活用品。这段时期互联网经济的爆炸式发展也为电商经济的发展提供了足够的沃土，电商由此成为疫情期间为数不多的可以正常经营且能够盈利的行业。以淘宝、京东、拼多多为中心的顶级电子商务企业在疫情期间收入大幅增加，这也让国内外的电商人增加了前行的勇气。

请针对上面的案例思考以下问题。

谈谈疫情中的电商企业该如何抗击疫情，在危机中寻求机会和创新，做到社会责任与商业利益兼顾。

___

___

___

课后习题

一、单选题

1. 在淘宝店铺中，店标应在"卖家中心"的（　　）版块中上传发布。
   A. 店铺装修　　　　B. 图片空间　　　　C. 店铺基本设置　　　　D. 橱窗推荐

2. 淘宝店铺名180天内允许修改（　　）次。
   A. 1　　　　　　　B. 2　　　　　　　　C. 3　　　　　　　　　D. 4

3. 宝贝分类管理的路径入口是（　　）。
   A. 千牛卖家中心→宝贝管理→宝贝分类管理
   B. 千牛卖家中心→店铺管理→宝贝分类管理

C. 千牛卖家中心→物流管理→宝贝分类管理

D. 千牛卖家中心→交易管理→宝贝分类管理

4. 宝贝分类管理若添加图片，图片的像素宽度不超过(　　)。

A. 130　　　　　B. 140　　　　　C. 150　　　　　D. 160

5. 店铺基本设置的路径入口是(　　)。

A. 千牛卖家中心→宝贝管理→店铺基本设置

B. 千牛卖家中心→交易管理→宝贝分类管理

C. 千牛卖家中心→物流管理→店铺基本设置

D. 千牛卖家中心→店铺管理→店铺基本设置

6. 物流模板设置的路径入口是(　　)。

A. 千牛卖家中心→物流工具→物流管理→运费模板设置

B. 千牛卖家中心→物流服务→物流管理→运费模板设置

C. 千牛卖家中心→物流管理→物流服务→运费模板设置

D. 千牛卖家中心→物流管理→物流工具→运费模板设置

7. 子账号设置的路径入口是(　　)。

A. 千牛卖家中心→营销中心→子账号管理

B. 千牛卖家中心→数据中心→子账号管理

C. 千牛卖家中心→店铺管理→子账号管理

D. 千牛卖家中心→自运营中心→子账号管理

二、多选题

1. 店铺标志的文件格式为(　　)。

A. GIF　　　　　B. JPEG　　　　　C. JPG　　　　　D. PNG

2. 以下(　　)地区在运费设置中通常会设置成不包邮。

A. 新疆　　　　　B. 西藏　　　　　C. 浙江　　　　　D. 内蒙古

3. 商品运费计价方式包含以下几种(　　)。

A. 件数　　　　　B. 重量　　　　　C. 体积　　　　　D. 集装箱

4. 淘宝店铺命名的原则包含(　　)。

A. 店名言简意赅　　　　　　　　B. 店名易于传播

C. 店名多用繁体字　　　　　　　D. 店名与产品特性相辅相成

三、判断题

1. 淘宝个人店铺名修改后会有滞缓期，一般为 48 小时生效。　　　　　　（　　）
2. 店铺基本设置：电脑端店标文件大小为 80KB 以下，建议尺寸为 80px*80px。（　　）
3. 宝贝分类管理：如果类目下有子类目，需要删除子类目后才能删除整个宝贝分类。（　　）
4. 包邮是指商家对所售商品承担中国境内所有的地区首次发货的运费。　　（　　）
5. 子账号不够用的情况下，可以去服务市场购买。　　　　　　　　　　（　　）
6. 设置子账号可以提高员工管理效率，实现更详细的员工权限分工。　　（　　）

四、简答题

1. 简述宝贝分类管理设置流程。

2. 简述淘宝子账号的作用。

3. 简述子账号与客服的区别。

项目四
网店商品的发布和管理

 项目导入

　　店铺设置好后，就可以进行商品的发布了。商品发布指的是商家通过电商平台上架要出售的各种商品。新手商家一定要熟练掌握平台的商品发布流程，同时为了使自己的商品更具吸引力，商家还应掌握一些商品发布的技巧，如编写商品标题、优化商品主图、编写商品细节描述等。

　　另外，商家还需要熟悉商品管理及订单管理的内容，能快速处理店内订单，高效、快捷地完成订单，才能让交易资金迅速回笼。

　　本项目将带领大家学习网店货源选择、商品发布、商品管理和订单管理的相关知识，帮助商家顺利上架商品。

 学习目标

知识目标

1. 学生能够说出货源、商品发布信息来源。
2. 学生能够说出商品素材准备、各模块规格要求。
3. 学生能够举例说明商品发布的流程。
4. 学生能够说出店铺订单查询的路径。
5. 学生能够举例说明店铺订单交易流程。
6. 学生能够说出店铺订单交易的注意要点。
7. 学生能够描述订单退款的简单处理方法。
8. 学生能够描述出订单评价查询的路径。
9. 学生能够举例说明店铺订单评价规则。

项目四 网店商品的发布和管理

能力目标

1. 学生能够根据既定素材发布一款商品。
2. 学生能够完成对商品的查找、编辑、上架、下架、删除等操作。
3. 学生能够操作 1688 一键铺货。
4. 学生能够模拟完成店铺订单的发货、退款、退换货流程。
5. 学生能够依据评价规则处理简单的订单评价。

素质目标

1. 学生具备较强的学习能力。
2. 学生具备良好的分析能力和归纳总结能力。
3. 学生具备独立思考能力和创新能力。

课前导学

4.1 网店货源的选择

货源质量的好坏与商品的质量得分有直接关系,也会影响店铺的整体权重,所以如何寻找货源、如何选择货源,是商家卖货的重中之重。选择货源时,一般选择货源稳定、有价格优势的产品。首先,货源要稳定,最好能长期供货,突然缺货、断货会影响商品销售,如果订单不能及时发货,不仅会面临客户的突然退款,还可能会面临平台的处罚;其次,有价格优势也是选择货源的一个关键点,利润空间越大,后续的推广力度才能越大。另外,如果选择品牌产品,需要获得商家授权,否则可能会被举报或被平台处罚。网上开店主要的货源渠道有以下几种。

1. 各地的大型批发市场

批发市场产品多样、地域分布广泛,能够小额批发,非常适合以零售为主的小店。批发市场的商品价格一般比较便宜,这也是商家选择最多的货源地。

从批发市场进货一般有以下几个特点。

- 进货时间、数量自由度很大。
- 品种繁多、数量充足,便于商家挑选。
- 价格低,有利于薄利多销。

2. B2B 电子商务批发网站

外地商家如果去距离较远的批发市场进货,所花的人工费、差旅费会无形之中增加商品的进货成本。因此,商家可以选择通过 B2B 电子商务批发网站进货。比如,阿里巴巴旗下的 1688 批发网站,其商品类目丰富多样,为网店经营者提供了很大的选择空间,不仅能够很方便地查找货源信息,还能为商家提供相应的服务，并且起批量很小。

网络进货相比传统渠道进货的优势是非常明显的，主要有以下几点。

- 成本优势：可以省去来回批发市场的时间成本、交通成本、住宿费、物流费用等。
- 时间优势：选购的紧迫性减少，亲自去批发市场选购由于时间所限，不可能长时间慢慢挑选，有些商品也许并未相中，但迫于进货压力不得不赶快选购，网络进货则可以慢慢挑选。
- 批发数量限制优势：一般的网上批发基本上都是10件起批，有的甚至是1件起批，这样在一定程度上增大了选择余地。
- 其他优势：网络进货不但能减少库存压力，还具有批发价格透明、款式更新快等优点。

3. 厂家进货

一件商品从生产厂家到消费者手中，要经过许多环节，其基本流程如图4-1所示。商品经过多环节的流通，易产生很多额外的费用。所以，如果能减少商品流通环节，直接从厂家手中拿货，就可以有效节约商品的进货成本。

图4-1　商品流动流程图

如果商家可以直接从厂家那里进货，且有稳定的进货量，一般都可以拿到一个较低的进货价。而且正规的厂家货源充足，信誉度高，还能争取到调换商品和退货还款等服务。

4. 外贸尾单

外贸尾单就是正式外贸订单的多余货品。外商在国内工厂下订单时，一般工厂会按5%~10%的比例多生产一些，万一在实际生产过程中有次品，就可以拿多生产的数量来替补，这些多出来的货品就是常说的外贸尾单货了。外贸尾单货往往性价比都很高，市场广而大，基本不缺销量。这些外贸尾单货价格十分低廉，通常为市场价格的两三折，品质做工绝对保证，是一个不错的进货渠道。

5. 国外热销商品

近几年，在国内的消费市场中掀起了一股"海外代购风"。很多人一旦出国旅游，发朋友圈定位地点，都会收到亲朋好友要求代购的信息。这从侧面说明了，国外热销商品在国内拥有较大的市场。如果商家在国外有亲戚朋友，可以让他们帮忙代购一些国外的热销商品，然后再由自己放到国内网站上进行售卖。

6. 库存商品与清仓商品

随着市场的变化加快，商品更新速度也在随之加快，因此库存商品及闲置物资越来越多。部分品牌商品的库存积压很多，一些商家干脆把库存全部卖给专职网络销售商家。不少品牌虽然在某一地域属于积压品，但网络覆盖面广的特性，完全可使其在其他地域成为畅销品。如果能经常淘到积压的品牌服饰、鞋等货物，拿到网上来销售，一定能获得丰厚的利润。这是因为品牌积压库存有其自身优势，具体体现在以下几个方面。

- 质量好，竞争力强。
- 需求量大，市场前景看好。
- 利用网络的地域性差异提高价格。

商家在选取进货渠道时，可以根据自家商品类目属性及多方对比来确定最合适的渠道。

4.2 商品的发布

店铺设置好之后，接下来就应该发布商品了，这样店铺才有货可卖。在发布商品前，需要先准备好商品的实物图片与资料，然后按照电商平台的规则进行发布。这里以淘宝个人店铺为例，详细讲解商品发布的细节内容，包括发布商品前的准备工作、商品发布的入口与操作流程、商品类目的选择方法等。

4.2.1 发布商品前的准备工作

在淘宝平台上，每天都有成千上万的商品被发布出来，但也有不计其数的商品不能通过平台的发布审核。准确高效地发布商品，能够有效地增加商品被搜索到的概率；若不按规则发布商品，不但审核不能通过，还有可能导致店铺被扣分。

商家所发布的商品信息各要素应真实合理，且应与商品本身相符。在发布商品时，需要特别注意的几个关键点主要包括商品标题、商品主图、商品SKU图及商品详情页描述等，如图4-2所示。

图4-2 发布商品的关键点

1. 商品标题

在网络购物中，通常是按照商品的属性进行类目检索或在搜索栏中输入关键词进行搜索。商品标题需要在60个字符（30个汉字）以内，不然会影响商品的发布。如果商品标题中没有包含消费者所搜索的关键词，那么搜索结果页就不会出现该商品，因此商品标题包含的关键词十分重要。

2. 商品主图

当消费者通过关键词搜索到想要的商品时，淘宝网会通过类目筛选和关键词截取的方法推送与之相关的商品图片给消费者，消费者第一时间看到的商品图片就是商品主图。

商品主图的质量关系到品牌的形象和定位，甚至会影响商品的搜索权重。因此，如果能设计好商品主图，就能使网店获得更多的流量和点击率，从而扩大销量。淘宝网的商品一般有5张主图（部分女装类目还有一张长图，共6张图），如图4-3所示。

图 4-3 某女装类目商品主图

对于商品主图，有如下几点建议。
- 商品主图一般要求长宽比为 1:1，这样在展示时才不会变形。
- 商品主图的大小不能超过 3MB，尺寸须大于 700 像素×700 像素，这样才会在商品主图页面提供图片放大功能，第 5 张主图若为白底图，可以增加其在手机淘宝首页展现的机会，清晰且正面展示的主图可以自动生成第 5 张白底图。
- 商品主图应尽量色调统一。
- 商品主图须无边框，并将商品的全部内容展示出来。

3. 商品 SKU 图

一个商品的品牌、型号、配置、等级、花色、包装容量、单位、生产日期、保质期、用途、价格、产地等任意属性与其他商品存在不同时，可称为一个单品。通常，将一个单品定义为一个 SKU（Stock Keeping Unit，最小存货单位）。

在电子商务中，每款商品都有一个 SKU，以便对商品进行识别。在商品详情页主图的右侧，点击"主要颜色"中的任意一张图片，在左侧主图的位置就可以看到选择的 SKU 图片。例如，一款女装 T 恤商品，白色的 M 码是一个 SKU，白色的 L 码是一个 SKU，白色的 XL 码也是一个 SKU。这款女装 T 恤商品有 3 种颜色，每一种颜色都有 3 个尺码，所以该款女装商品共有 9 个 SKU，如图 4-4 所示。

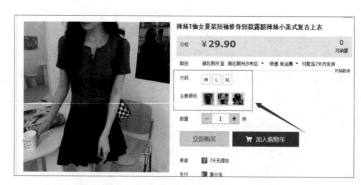

图 4-4 某女装类目商品的 SKU 图片

商家通过"千牛卖家中心"进入"一口价宝贝发布"页面,在"宝贝规格"选项的"颜色分类"中选择颜色后,就可以上传同色商品的SKU图片,如图4-5所示。

图4-5　上传商品的SKU图片页面

4. 商品详情页描述

商品标题中的60个字符并不能充分介绍商品的优势和价值,因此商品的用途、特色等还需要用更多文字加以说明。商品详情页描述是影响消费者是否购买商品的一个重要因素,是将点击率转化为成交率的关键。商家在准备商品详情页描述信息时要注意以下几个方面的问题。

（1）*内容要全面*

商家在准备商品详情页描述信息时,要站在消费者的角度去思考其关心的问题。例如,材质、尺寸、价格、重量、颜色、适合人群、寓意、真假辨别、赠品、服务承诺、支付方式等都是消费者关心的内容。另外,服装类商品可以呈现面料、内衬、颜色、色差、扣子（拉链）、走线和特色装饰等细节实拍,特别是领子、袖子、腰身和下摆等部位的细节,细节实拍可搭配简洁的文字说明。

例如,某商品的信息页面就包括了货号、品牌、厚薄、流行元素、袖长、衣长等内容,如图4-6所示,商家应尽可能将其填写完善。

图4-6　某商品的信息页面

(2) 商品详情页描述要细致

商品详情页描述要能够全面概括商品的用途和属性，最好能够介绍一些使用方法和注意事项，更加贴心地为消费者考虑。

(3) 多形式展现信息

商品详情页描述应该结合文字、图像、表格等形式，这样能让消费者更加直观地了解商品，也会增加他们购买的可能性。

(4) 参考同行网店

商家可以参考其他同行的"皇冠"网店，看一看他们的商品详情页描述，择其优点应用于自己的网店中。

4.2.2 商品发布的入口与操作流程

商品的发布很简单，只要按照系统提示的步骤完成操作即可，这里以在淘宝个人店铺进行商品发布为例，详细讲解商品发布的入口与操作流程。

步骤1 登录淘宝网后，进入"千牛卖家中心"后台，依次选择"商品"→"商品管理"→"我的宝贝"选项，然后点击"发布商品"按钮，如图4-7所示。

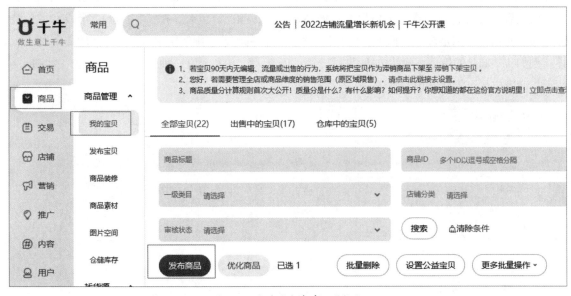

图4-7 点击"发布商品"按钮

步骤2 系统自动跳转至智能发布商品页面，根据要求完善商品信息即可，如上传商品主图、确认商品类目等，如图4-8所示。

图 4-8 跳转至智能发布商品页面

> **提示** 2020 年 4 月 30 日，阿里巴巴正式上线了商品智能发布系统。在商品智能发布页面中上传商品主图后，系统可以自动生成第 5 张白底图，注意上传的主图要大于 700 像素×700 像素。在完善商品信息时，系统已经通过上传的图片智能推荐了商品标题关键词，部分商品属性也已经自动填写。根据要求，商家需要完善商品属性信息，同时需要填写商品销售信息，包括库存、价格等，商品属性信息应尽量详细地填写。完整的商品属性会增强客户对商品的信任感，获得淘宝网对商品的肯定，提升商品在淘宝网中的搜索排名，从而获得更多的展示机会。

◎**步骤 3** 下拉页面至"物流信息"页面，在"物流信息"页面中选中"使用物流配送"复选框，若要将一批商品设置为同样的运费，则可以选择商品的运费模板或点击"新建运费模板"按钮，如图 4-9 所示。

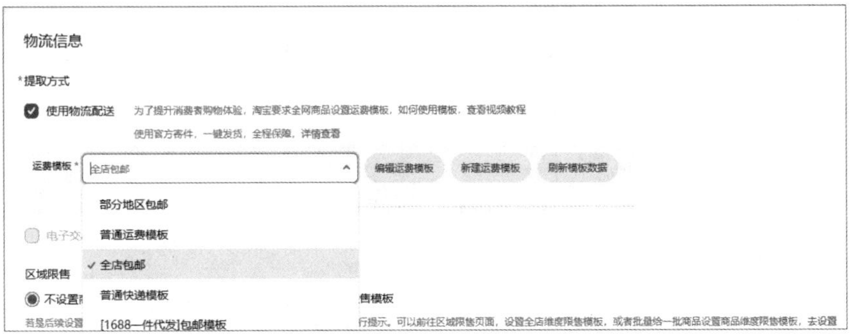

图 4-9 "物流信息"页面

▷**步骤 4** 继续下拉页面设置商品的支付信息、物流信息和售后服务，确认无误后，直接点击下方的"提交宝贝信息"按钮，即可成功发布商品，如图 4-10 所示。

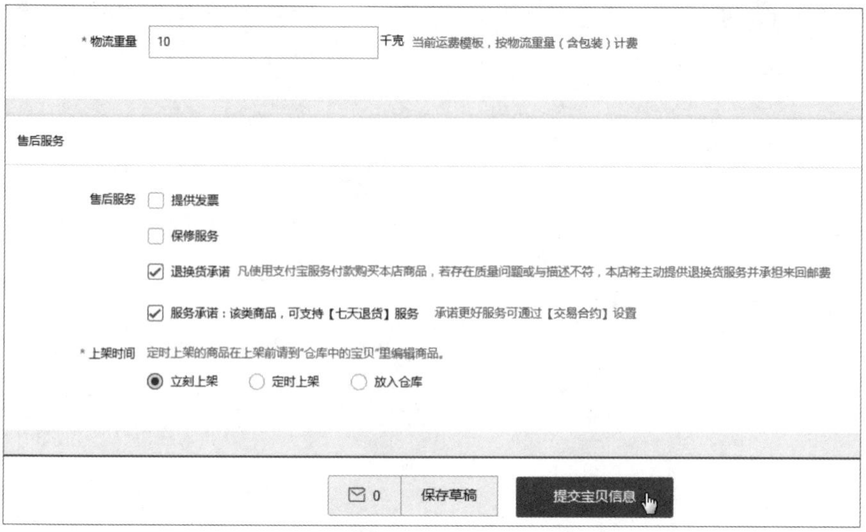

图 4-10　点击"提交宝贝信息"按钮

商家也可以在完善商品信息后，选择商品上架时间："立刻上架""定时上架""放入仓库"，然后点击"发布"按钮，即可完成该商品的发布。

> 提示　在发布商品时，在商品编辑页面中如果选择了宝贝的特定属性条件，如服装类的颜色及尺码等，则必须填写各属性对应的数量，且数量之和必须等于宝贝总数量。商品一旦发布成功，将无法转换发布方式，如一口价商品将无法被修改成拍卖商品。

4.2.3　商品类目的选择方法

商品类目的选择将会直接影响商品的搜索和展现，如果发布的商品选错了类目，有可能会被平台删除或降低搜索权重。下面介绍 3 种最有效的商品类目选择方法。

1. 按步骤选择类目

在发布商品时，可以在分类列表区域中选择自己所销售商品的详细分类，方式为：从左到右，先选择商品的大类，再进一步选择商品的小分类、品牌等，如图 4-11 所示。

2. 类目搜索方式

商家也可以直接在类目的搜

图 4-11　按步骤选择类目

索框中输入需要发布的商品关键词,如"卫衣",系统就会自动匹配出相应的类目,如图 4-12 所示。

图 4-12　类目搜索方式

3. 点击最近使用的类目

如果之前已经发布过相同类目的商品,再次发布时,可直接点击"您最近使用的类目"选择相应的类目即可,如图 4-13 所示。

图 4-13　点击"您最近使用的类目"选择相应的类目

绝大多数消费者在选择所要购买的商品时,都会通过商品类别来一步步进行浏览,因此商家在设置商品类别时,一定要做到细致、准确,这样被消费者搜索到的概率就会大大增加。相反,如果商品的类别设置得不准确,那么消费者在浏览的过程中,很有可能会直接将该商品排除到购买意向之外，如将"男士西服"分类到"女装"中，那么浏览女装的消费者就会完全忽略这件商品。而且淘宝平台对商品分类也有强制性规定，随便安排商品类目是会被平台下架甚至扣分的。

4.2.4 1688一键铺货

阿里巴巴批发网（1688.com，简称1688）是全球企业间（B2B）电子商务的著名品牌，汇集海量供求信息，是全球领先的网上交易市场和商人社区，也是首家拥有超过1400万网商的电子商务网站，遍布220个国家地区，成为全球商人销售产品、拓展市场及网络推广的首选网站。1688以批发和采购业务为核心，通过专业化运营完善客户体验，全面优化企业电子商务的业务模式。1688已覆盖原材料、工业品、服装服饰、家居百货、小商品等16个行业大类，提供原料采购、生产加工、现货批发等一系列的供应服务。

1688平台商家多、地区覆盖广，但各厂家的商品质量、供应链时效参差不齐。所以，在1688平台挑选货源时要仔细观察以下几个指标：厂家的销量、评价和复购率，图片质量，图片是否为原图，网店单品和销售情况，响应速度和发货速度，诚信通年限，是否有"金牛"标志等。另外，如果长期保持供需关系，还需要查看厂家的联系方式、地址等信息是否有效。

商家可以直接通过1688一键铺货，具体操作步骤如下。

步骤1 登录淘宝网后，进入"千牛卖家中心"后台，依次选择"商品"→"市场发现"→"淘货源"选项，如图4-14所示。

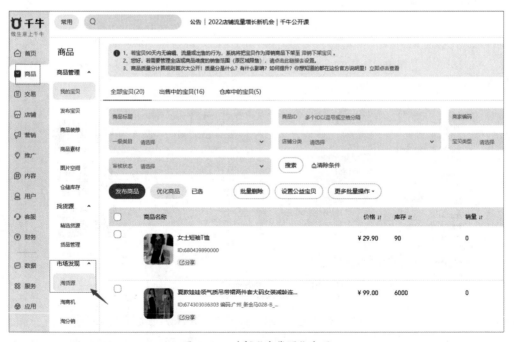

图4-14 选择"淘货源"选项

步骤2 系统自动跳转至1688批发网，在搜索框中输入自己想要代发商品的关键词，点击"搜索"按钮，如图4-15所示。

图 4-15 点击"搜索"按钮

▷ **步骤 3** 系统自动跳转至搜索结果页面,选择合适的商品,注意选择支持"一件代发"的商品,如图 4-16 所示。

图 4-16 选择支持"一件代发"的商品

▷ **步骤 4** 系统自动跳转至具体商品页面,点击"快速铺货"按钮,如图 4-17 所示。

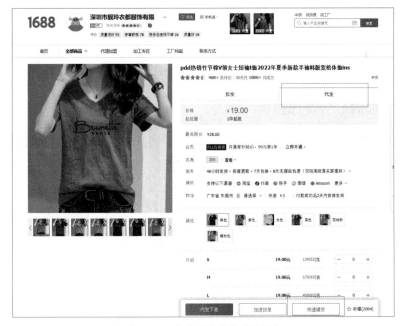

图 4-17 点击"快速铺货"按钮

▷步骤5　系统自动跳转至"选择铺货工具"页面，选择铺货工具（这里以"官方淘宝铺货工具"为例），点击"铺货"按钮，即可完成一键铺货，如图4-18所示。

▷步骤6　系统自动完成铺货，弹出一个对话框，点击"去上架"按钮，如图4-19所示。

图4-18　点击"铺货"按钮

图4-19　点击"去上架"按钮

系统自动跳转至商品上架页面，结合商品实际情况完善商品信息后上架商品，即可完成1688一键铺货的全部操作。

4.3　商品管理

在上传商品信息后，可以对其进行管理，例如，查找商品、编辑商品及商品上下架、批量删除等操作。这里以淘宝个人店铺为例，详细讲解商品管理的内容。

4.3.1　商品管理的后台操作路径

商家想进行商品管理，可以按照以下操作路径进入"商品管理"页面，对商品进行具体操作。

▷步骤1　登录淘宝网后，点击"千牛卖家中心"按钮，如图4-20所示。

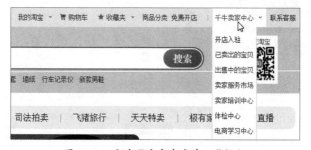

图4-20　点击"千牛卖家中心"按钮

⊙**步骤2** 系统自动跳转至"千牛卖家中心"页面,依次选择"商品"→"商品管理"→"我的宝贝"选项,即可进入"商品管理"页面,对商品进行查找、编辑、上下架等操作,如图4-21所示。

4.3.2 查找商品的操作方法

商家在上传多个商品后,如果想对某一商品进行编辑、下架等管理,可在"商品管理"页面中按照商品标题、商品ID、价格等信息来查找商品。这里以商品标题和商品ID为例,查找商品的操作步骤如下。

⊙**步骤1** 进入"千牛卖家中心"页面,依次选择"商品"→"商品管理"→"我的宝贝"选项,进入"商品管理"页面,可以看到店铺的全部商品,如图4-22所示。

图 4-21 选择"我的宝贝"选项

图 4-22 "商品管理"页面

⊙**步骤2** 在"商品标题"中输入商品标题相关的关键字,这里以输入"杯"为例,可以看到与之相关的商品,如图4-23所示。

图 4-23 按照商品标题搜索商品

⊙**步骤3** 商家也可以通过商品ID来查找商品,在"商品管理"页面中的"商品ID"中输入商品ID,可以看到与之相关的商品,如图4-24所示。

图 4-24　按照商品ID搜索商品

商家还可以按照类似的方法，通过搜索商家编码、价格等信息来查找商品。因为这些步骤类似，这里不再赘述。

4.3.3　商品编辑的操作方法

有时商家需要对商品信息进行编辑修改，比如编辑修改商品的颜色、数量或价格等。具体的操作方法为：进入"千牛卖家中心"页面后，依次选择"商品"→"商品管理"→"我的宝贝"选项，将页面切换到"出售中的宝贝"选项卡下，在页面中出现商品列表，选中需要修改的商品的复选框，点击该商品右侧的"编辑商品"按钮，如图4-25所示。

图 4-25　编辑修改商品信息

随即会跳转到与发布商品时一样的页面，商家可在该页面中对商品信息进行修改，完成后点击"提交宝贝信息"按钮即可。

4.3.4　商品上下架的操作方法

虽然大多数时候商品的上下架操作都是自动完成的，但在某些特殊的情况下，商家还是需要对店铺中的商品进行手工上下架操作。这里详细讲解商品的上架、下架及上下架策略。

1. 商品的上架

在淘宝平台上，将商品上架的方法很简单，具体操作步骤如下。

▷**步骤1**　进入淘宝后台的"千牛卖家中心"页面，依次选择"商品"→"商品管理"→"我的宝贝"选项，将页面切换到"仓库中的宝贝"选项卡下，如图4-26所示。

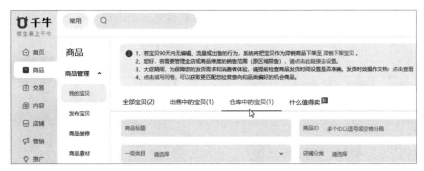

图 4-26　将页面切换到"仓库中的宝贝"选项卡下

◎**步骤2**　在下方的页面中出现商品列表，如果要将单个商品上架，只需选中该商品的复选框，然后点击该商品右侧的"立即上架"按钮即可，如图 4-27 所示。

图 4-27　点击"立即上架"按钮

根据以上步骤，即可成功上架商品。如果要定时上架商品，可以在"仓库中的宝贝"页面中选中某商品的复选框，点击该商品右侧的"定时上架"按钮，如图 4-28 所示。

图 4-28　点击"定时上架"按钮

页面自动弹出设置上架时间的对话框，选择上架时间，点击"上架"按钮，该商品即可在固定时间上架，如图 4-29 所示。

如果要同时上架多个商品，选中相应商品的复选框，然后点击商品列表上面的"批量上架"按钮即可。

图 4-29　点击"上架"按钮

2. 商品的下架

一般来说，商品发布后，过了七天会自动下架后再上架，不需要进行手工管理。但有时也会出现一些意外情况，比如突然发现商品有些质量问题，或者商品供货跟不上，此时就需要商家手工下架出售中的商品。具体的操作方法为：进入"千牛卖家中心"页面后，依次选择"商品"→"商品管理"→"我的宝贝"选项，将页面切换到"出售中的宝贝"选项卡下，在页面中出现商品列表，选中需要下架的商品的复选框，点击该商品右侧的"立即下架"按钮即可，如图4-30所示。

图 4-30　下架出售中的商品

如果要同时下架多个出售中的商品，其操作方法与批量上架多个商品类似。

3. 商品的上下架策略

商品的上下架管理是店铺日常管理工作中非常重要的一环，商品上下架时间的安排及商品上下架的布局将直接影响商品的搜索权重和曝光度。合理安排商品的上下架时间，能够使商品通过平台的搜索排名获取到更多的自然流量，为商品的销售奠定一个很好的基础。

根据淘宝平台的规定，商品的上架周期为7天，也就是说，商品在某个时间上架，到7天后的同一时间就会下架，这是一个自动循环的周期，而这个周期内的起始时间和结束时间就是商品的上下架时间。只要知道了商品的上架时间，也就能知道商品的下架时间，商品的上架时间和下架时间是完全相同的，因此只要准确地找到商品上架或下架的最佳时间点，就能够有效地提高商品的搜索排名。那么，商品在上下架时应该注意哪些问题呢？

（1）注意目标客户的在线购物时间

根据相关的数据统计，在淘宝上，一周中通常周一和周五是流量最多的两天，因此很多卖家会把商品的上下架时间设置在周一或周五。而一天中网购的高峰期主要集中在三个时间段，即上午的9：00至11：00，下午的15：00至17：00及晚上的20：00至22：00，因此商家应当尽量把商品的上架时间设置在这几个时间点上，这样才能够获得更多的流量。

需要注意的是，虽然全网各个时段的流量变化基本上相同，但是由于销售商品的类目和目标消费人群不同，所以客户的主要购物时段有可能会存在一定的差异。因此，商家在安排商品上架时间时，还需要结合商品类目，考虑目标客户的集中在线购物时间。例如，目标客户如果是大学生或上班族，那么他们的在线购物时间应该主要是在晚上和周末；而目标客户如果是家庭主妇，那么她们的在线购物时间应该主要集中在白天。

（2）尽量避开人气商品的下架时间

对于新商品而言，刚开始上架销售时，它的人气和销量都无法与热销商品相比较，通常会面临没有收藏、没有销量、没有评价的情况。而且根据淘宝商品的排名规则，搜索一款商品时，商品离下架时间越近，搜索排名就会越靠前，也更容易被搜索到。因此，无论是基于商品情况，还是基于消费者的从众心理，新品的上架时间都应尽量避开人气商品的下架时间。与此同时，淘宝平台的搜索引擎也会给新上架的商品比较大的搜索权重，以达到一个公平的原则。

4.3.5 商品单个删除与批量删除的操作方法

对于已经不再出售的商品，商家可以将它们从仓库中删除。具体的操作方法为：进入"千牛卖家中心"页面后，依次选择"商品"→"商品管理"→"我的宝贝"选项，将页面切换到"仓库中的宝贝"选项卡下，在页面中出现商品列表，选中要删除的商品的复选框，点击商品列表上面的"批量删除"按钮即可，如图4-31所示。

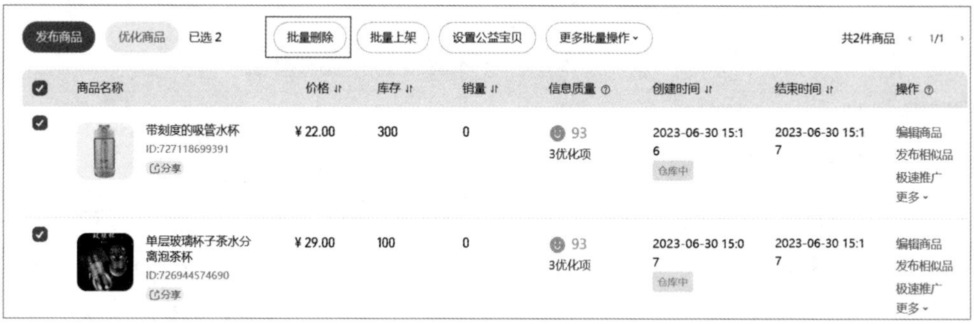

图4-31 删除仓库中的商品

4.4 订单管理

当商家和客户达成一致后，即可让客户拍下此商品并等待对方完成付款操作（也有很多客户不作任何沟通就直接买下商品）。商家此时的工作主要是根据之前的约定进行订单管理，如查看订单、订单发货、订单退款、订单评价等相关事宜。

4.4.1 查看订单

当客户在店铺下单后，商家就可以在平台后台看到订单的详情。这里以淘宝店铺为例，查看订单的操作步骤如下。

步骤1 进入"千牛卖家中心"页面，点击"交易管理"中的"已卖出的宝贝"按钮，就可以看到店铺的交易订单，如图4-32所示。

图4-32 点击"已卖出的宝贝"按钮

步骤 2 点击任意订单的"详情"按钮，可以查看此笔订单的交易详情，如订单编号、付款时间、宝贝属性等订单信息，如图 4-33 所示。

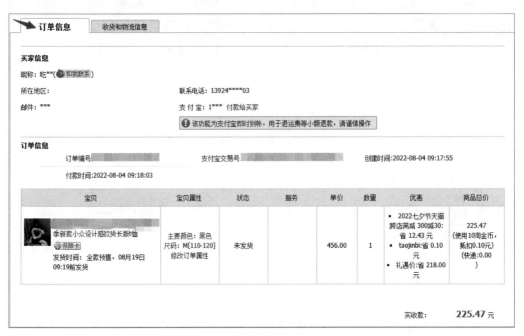

图 4-33 "订单信息"页面

步骤 3 点击"收货和物流信息"按钮，进入"收货和物流信息"页面，可以看到收货地址、运送方式等信息，如图 4-34 所示。

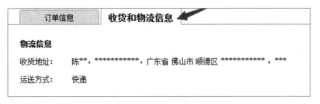

图 4-34 "收货和物流信息"页面

根据以上步骤，即可查看一个订单的具体详情，包括订单编号、付款时间、宝贝属性及收货地址、运送方式等。

4.4.2 订单发货流程

客户付款后，商家需要打包商品并联系快递员发货。在店铺后台，商家需要填写订单对应的发货信息，以便完成订单交易。这里以淘宝店铺为例，订单发货流程如下。

步骤 1 进入"千牛卖家中心"页面，点击"交易管理"中的"已卖出的宝贝"按钮，进入"已卖出宝贝信息"页面。选择要发货的订单，点击"发货"按钮，如图 4-35 所示。

图 4-35 点击"发货"按钮

>**步骤 2** 进入发货界面后,在"第一步 确认收货信息及交易详情"页面中查看"买家留言",核对好客户的收货信息,如果收货信息有误,可以在此区域的右下方点击"修改收货信息"按钮进行修改,如图 4-36 所示。

图 4-36 "第一步 确认收货信息及交易详情"页面

>**步骤 3** 系统自动跳转至"第二步 确认发货/退货信息"页面,核对好自己的发货、退货信息,如图 4-37 所示。当发货和退货地址不同时要特别注意,地址填写错误而导致货物无法退回,会给店铺带来一定的经济损失。

图 4-37 "第二步 确认发货/退货信息"页面

>**步骤 4** 系统自动跳转至"第三步 选择物流服务"页面,点击"自己联系物流"按钮,填入物流单号,选择对应的物流公司,点击"发货"按钮,即可完成订单的发货操作,如图 4-38 所示。

图 4-38 "第三步 选择物流服务"页面

截至这里，订单发货流程就全部操作完成了。

4.4.3 批量发货流程

如果店内订单较多，手动给每个订单发货会带来巨大的工作量，为了更快、更好地完成发货工作，商家可以使用批量发货功能。这里以淘宝店铺为例，批量发货流程如下。

▶**步骤1** 进入"千牛卖家中心"页面，点击"交易管理"中的"已卖出的宝贝"按钮，选择页面中需要发货的订单，点击"批量发货"按钮，如图4-39所示。

图4-39 点击"批量发货"按钮

▶**步骤2** 系统自动跳转至批量发货页面，在"第一步"区域中核对好自己的发货、退货信息，在"第二步"区域中选中"自己联系物流"单选按钮，选择对应的快递，如图4-40所示。

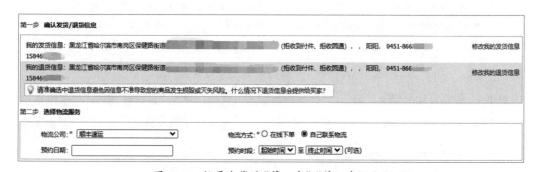

图4-40 批量发货的"第一步""第二步"页面

▶**步骤3** 下拉页面至"第三步"，核对客户的收货信息，填写对应的运单号码，如图4-41所示。

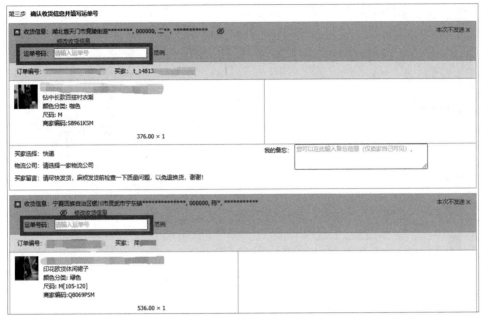

图 4-41　批量发货的"第三步"页面

完成以上操作，即可完成批量发货操作。批量操作更能节省发货操作步骤和时间，适用于多订单情景。

4.4.4　订单退款的处理

商家在经营店铺的过程中，难免遇到订单退款、退换货的情况，因此商家要熟悉这些事项的处理方法。这里以淘宝店铺为例，处理订单退款的操作步骤如下。

▶步骤1　进入"千牛卖家中心"页面，点击"客户服务"中的"退款管理"按钮，进入"退款管理"信息界面，如图 4-42 所示。

图 4-42　点击"退款管理"按钮

◎**步骤2** 在未发货的情况下，客户申请退款，商家可点击订单页面中的"退款待处理"按钮，同意买家的退款申请即可，如图4-43所示。

图4-43 未发货的退款处理

◎**步骤3** 在已发货的情况下，客户申请退款，商家可点击订单页面中的"退款待处理"按钮，如图4-44所示。

图4-44 点击"退款待处理"按钮

◎**步骤4** 进入"卖家处理退货申请"页面，点击"同意退货"按钮，如图4-45所示。

图4-45 点击"同意退货"按钮

◎**步骤5** 进入"买家退货"页面,等待客户上传退货物流单号,收到退货货物后,点击"确认收货,同意退款"按钮,如图4-46所示。

图4-46 点击"确认收货,同意退款"按钮

◎**步骤6** 系统自动跳转至"退款完毕"页面,提示退款成功,如图4-47所示。

图4-47 "退款完毕"页面

4.4.5 订单评价管理

商品评价是指客户在购买商品以后,给予商品质量、使用情况及对商家服务的评价。当客户收到货并对商品比较满意时,通常会主动确认收货并对商家进行评价。对于商家来说,只有当客户确认收货了,商家才能拿到货款,同时客户的评价对商家的影响也是至关重要的。卖家可根据买家的评价查找自身店铺的不足,及时优化店铺商品,提升服务质量。

1. 查看订单评价

商品评价在店铺前端的商品详情页中呈现，图4-48所示为电脑端某商品的评价页面。由于评价展现在显眼位置，在很大程度上影响着其他客户对于商品、店铺的印象。正面积极的评价更有利于客户下单，而差评则有可能打消客户下单的积极性。

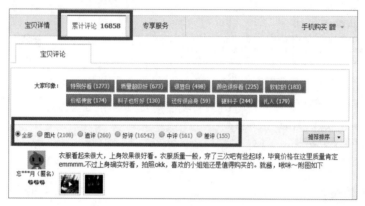

图4-48　电脑端某商品的评价页面

在网店运营中，商家可查看店铺评价、管理异常评价及作出解释评价。商品的评价分为好评和中差评。商家在管理和维护商品评价时，不仅要管理和维护商品的中差评，对于好评也要及时作出回复，这样可以使其他客户看到商家的服务态度。这里以淘宝店铺为例，订单评价管理的操作步骤如下。

▶**步骤1**　进入"千牛卖家中心"页面，点击"交易管理"中的"已卖出的宝贝"按钮，将页面切换到"需要评价"选项卡下，选择需要评价的商品，点击右侧的"评价"按钮，如图4-49所示。

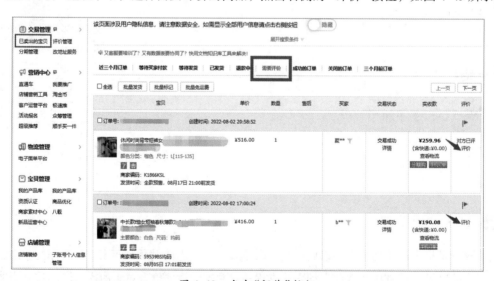

图4-49　点击"评价"按钮

▶**步骤2**　系统自动跳转至评价页面，选择"好评""中评""差评"中的一个，在文本框中还可输入评论内容，点击"发表评论"按钮即可，如图4-50所示。

图 4-50　评价页面

2. 评价规则

各个电商平台都有其相应的评价规则，以淘宝为例，淘宝的评价分为"好评""中评""差评"三类，每种评价对应一个信用积分，具体的计算方法为"好评"加 1 分，"中评"计 0 分，"差评"扣 1 分。交易双方中，仅一方给出好评，且另一方在评价期（"交易成功"的 15 天内）内未给出评价，系统会在评价期超时时给出一个默认评价（只默认好评）；所以，对于买家未作出评价的订单，若卖家在"交易成功"的 15 天评价期内及时作出好评，店铺就能获得默认好评，系统默认好评的也会按照计分规则进行累计计分。若交易双方在评价期内均未作出评价，或者仅一方给出评价且为中评或差评，则系统不会产生默认评价。

如果评价方给了"中评"或"差评"，在评价后的 30 天内有一次修改或删除的机会。评价修改后就不能被删除或再次修改，修改后的评价也会按计分规则进行计分。

在每个自然月中，相同买家和卖家之间的评价计分不得超过 6 分，超出计分规则范围的评价将不计分。如果 14 天内，相同买家和卖家之间就同一商品进行评价，多个好评只加 1 分，多个差评只扣 1 分。

3. 评价回复

店铺中的评价，商家都要及时作出回复，这样对店铺的服务质量提升有很大的帮助。商家在店铺后台进入"千牛卖家中心"页面，点击"交易管理"中的"评价管理"按钮，即可进入"评价管理"页面，如图 4-51 所示。

图 4-51　"评价管理"页面

对商品好评回评时,需要感谢客户对产品的支持、给予的肯定及欢迎客户下次光临。对商品差评回评时,如果是商家的原因,应积极向客户道歉,承认错误,并且给出赔偿;如果是客户的原因,应倾听客户的诉求,帮助客户解决问题。

课堂实训

任务一 发布一款商品

任务说明

小张是电子商务专业毕业的一名大学生,是A电商公司的一名新晋员工,作为一名职场新人,刚刚进入A电商公司,公司对她进行了培训。

在培训中,小张对自己即将开展的工作感到十分憧憬,但对于具体操作还不熟悉。所以本次任务,我们来帮助她学会发布商品,并能根据发布商品来了解网店商品的基础知识。

任务目标

1. 学生能够说出货源、商品发布信息来源。
2. 学生能够说出商品素材准备、各模块规格要求。
3. 学生能够根据既定素材发布一款商品。

任务实施

1. 了解货源渠道

通过课前导学了解货源渠道大致为哪几个大类,填写表4-1。

表4-1 货源渠道

渠道名称	是否官方渠道	线上还是线下
阿里巴巴批发网		
天猫供销平台		
分销网站		
批发市场		

2. 商品的发布

⊙**步骤1** 在淘宝网中点击"千牛卖家中心"按钮,并登录自己的淘宝账号,如图4-52所示。

项目 四 网店商品的发布和管理

图 4-52　打开"千牛卖家中心"并登录自己的账号

▷**步骤 2**　进入"千牛卖家中心"页面，依次选择"商品"→"商品管理"→"我的宝贝"选项，然后点击"发布商品"按钮，如图 4-53 所示。

图 4-53　点击"发布商品"按钮

▷**步骤 3**　进入商品发布页面，上传商品主图（至少 1 张），淘宝后台会自动识别商品类目，然后点击"确认类目，继续完善"按钮，如图 4-54 所示。

图 4-54　点击"确认类目，继续完善"按钮

▶**步骤4** 进入商品发布的基础信息页面，根据商品特点编写宝贝标题，不超过60个字符，如图4-55所示。

图4-55 根据商品特点编写宝贝标题

▶**步骤5** 下拉页面进入"类目属性"页面，如实填写商品其他属性信息，其中带星号的为必填项，如图4-56所示。

图4-56 如实填写商品其他属性信息

> **步骤 6** 同时，如实填写商品销售信息、物流配送信息等，如图 4-57 和图 4-58 所示。

图 4-57 如实填写商品销售信息

图 4-58 如实填写物流配送信息

> **步骤 7** 下拉页面，上传主图与详情页，如图 4-59 所示。若第 1 张主图清晰且是正面图，则第 5 张自动变为白底图。

> **步骤 8** 全部信息都正确填写后，选中"立刻上架"单选按钮，然后点击"发布上架"按钮即

可，如图 4-60 所示。

完成以上操作，系统自动跳转至宝贝发布成功页面，如图 4-61 所示。

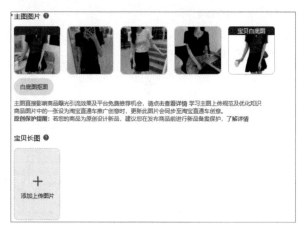

图 4-59　上传主图与详情页

图 4-60　点击"发布上架"按钮

图 4-61　宝贝发布成功页面

任务二　产生订单并管理订单

📋 任务说明

小王作为 A 淘宝店的一名推广专员，成功策划完成了店铺的店庆活动，店铺的销售额达到了预期的目标。活动期间的订单量剧增，还有部分客户申请了退款，接下来就需要尽快处理这些订单了。本次任务旨在帮助小王来完成店铺订单的发货、退款和订单评价等管理工作。

📋 任务目标

1. 学生能够模拟完成店铺订单的发货、退款、退换货流程。
2. 学生能够依据评价规则处理简单的订单评价。

📋 任务实施

1. 订单发货

▶**步骤1**　进入"千牛卖家中心"页面，点击"交易管理"中的"已卖出的宝贝"按钮，然后将页面切换到"等待发货"选项卡下，如图 4-62 所示。

项目四 网店商品的发布和管理

图4-62 将页面切换到"等待发货"选项卡下

▶**步骤2** 进入等待发货信息界面后,找到需要发货的订单,点击"发货"按钮,如图4-63所示。

图4-63 点击"发货"按钮

▶**步骤3** 进入发货信息界面后,根据页面提示的步骤核对相应的信息,填写物流单号、选择对应的物流公司,点击"发货"按钮完成发货,如图4-64所示。

图4-64 点击"发货"按钮完成发货

2. 订单退款

▶**步骤1** 进入"千牛卖家中心"页面,点击"客户服务"中的"退款管理"按钮,进入"退款管理"信息界面，如图4-65所示。

图4-65　点击"退款管理"按钮

◎**步骤2**　找到需要退款的订单，点击"退款待处理"按钮，如图4-66所示。

图4-66　点击"退款待处理"按钮

◎**步骤3**　进入退款页面后，根据页面提示的步骤完成订单退款，如图4-67所示。

图4-67　退款页面

3. 订单评价管理

在完成了店铺订单发货、订单退款处理后，客户陆续收到了货，同时他们也给店铺作出了评价。针对买家给的评价，商家需要及时给予回复。请结合评价规则完成表 4-2，对买家的评价作出基本的判断，并合理地给出回复。

表 4-2 买家评价分析

买家评价	评价类型	评分方法	评价回复
第一天穿，居然发现两个破洞，太郁闷了，应该收到货就检查，没想到居然会是破的			
多次购买这家的衣服了，质量很好，款式也好看，裤子很丝滑，很喜欢			
质量还行，就是太大了，穿着不显瘦			
冲着是磨毛做旧款才买的，结果就是一款普通的黑色T恤衫，无语			

项目评价

【项目评价表 1——技能点评价】

序号	技能点	达标要求	学生自评		教师评价	
			达标	未达标	达标	未达标
1	发布一款商品	（1）学生能够说出货源、商品发布信息来源 （2）学生能够说出商品素材准备、各模块规格要求 （3）学生能够根据既定素材发布一款商品				
2	完成商品基础管理操作	学生能够完成对商品的查找、编辑、上架、下架、删除等操作				
3	完成1688一键铺货发布一款商品	（1）学生能够操作 1688 一键铺货 （2）学生能够在铺货后完成匹配、关联商品				
4	模拟完成店铺订单的发货、退款、退换货流程	（1）能规范完成店铺订单的发货操作 （2）能处理简单的店铺订单退款				
5	依据评价规则处理简单的订单评价	（1）能辨别订单评价的类型及评分方法 （2）能理解淘宝评价规则 （3）能根据订单评价的内容写出合理的评价回复				

【项目评价表2——素质点评价】

序号	素质点	达标要求	学生自评		教师评价	
			达标	未达标	达标	未达标
1	较强的学习能力	（1）能具备良好的记忆力 （2）具备较强的归纳能力				
2	良好的分析能力和归纳总结能力	（1）具备较强的分析总结能力 （2）逻辑思维能力强，善于分析相关资料并归纳总结				
3	独立思考能力和创新能力	（1）遇到问题善于思考 （2）具有解决问题和创造新事物的意识 （3）善于提出新观点、新方法				

思政园地

违规删除"差评"可能犯罪

2021年12月，蜀山公安分局接到群众报警，称有人用高价"购买"在互联网企业平台上发布差评的用户信息，再通过给"好处费"的方式诱导此类用户删除差评信息，从商家处赚取差价，牟取暴利。

接到案件线索后，蜀山公安分局迅速展开侦查工作。发现河南某科技公司是这一切的幕后黑手。经查，该公司组织"业务员"在网上主动与有差评记录的商家联系，吹嘘可提供"代为删除差评"服务。商家有意向后，"业务员"便通过非法手段购买作出差评用户的个人信息。获得用户信息后，该团伙便拨打用户电话，骚扰用户并许诺支付一定的"好处费"等诱导用户删除差评信息。

2022年2月24日，专案组在河南、安徽等地同时收网，抓获犯罪嫌疑人12人，扣押作案电脑20台、手机55部，查获公民个人信息数万条，涉案金额200余万元。

违规删除"差评"，根据行为方式不同，可能涉嫌非法经营罪或破坏计算机信息系统罪等罪名。而本案之所以认定涉嫌侵犯公民个人信息罪，原因不在于删除"差评"的行为。本案中河南某科技公司通过公关方式让用户删除"差评"，这种行为扰乱了平台的市场秩序，购物平台应当予以处罚，但尚不构成犯罪。

本案的构罪原因在于，该公司为了删除"差评"，通过非法手段获取了"差评"顾客的个人信息，这里面的个人信息，从案情判断，主要是交易信息及通信方式。

请针对上面的案例思考以下问题。

（1）谈谈你对日常生活中网购时删除"差评"的看法。

项目 四
网店商品的发布和管理

（2）违规删除"差评"对购物平台的商家存在哪些影响？

课后习题

一、单选题

1. 发布商品时标题名称最多可以容纳（　　）个汉字/（　　）个字符。
   A. 30；60　　　　B. 30；50　　　　C. 20；40　　　　D. 40；80

2. 当设置好定时发布以后，商品页面显示为（　　）。
   A. 即将开始　　　B. 立即购买　　　C. 交易关闭　　　D. 加入购物车

3. （　　）的图片适合作为商品主图。
   A. 1920像素×120像素　　　　　　　B. 800像素×800像素
   C. 200像素×300像素　　　　　　　 D. 750像素×600像素

4. 关于商品描述的说法，（　　）是正确的。
   A. 商品描述必须全部是图片，不能有文字
   B. 商品描述的文字字体越大越好
   C. 商品类比就是与同类商品进行比较，体现本商品的优势
   D. 商品描述中必须放大量好评截图

5. 判断一家快递公司是否可靠，主要（　　）。
   A. 看规模　　　　B. 看优势　　　　C. 看评价　　　　D. 以上都是

6. 在店铺后台查看订单评价的路径是（　　）。
   A. 卖家中心→店铺管理→评价管理　　　B. 卖家中心→交易管理→评价管理
   C. 卖家中心→店铺服务→评价管理　　　D. 卖家中心→客户服务→评价管理

二、多选题

1. 关于商品基本信息的处理，说法正确的有（　　）。

A. 如果商品图片较长，最好将图片分解为多个图片组合
B. 详细的商品参数会为买家带来高度信任感，商品参数相对齐全的同类商品更容易被买家接受
C. 重要的文字信息可以使用放大字体、改变颜色等方法进行强调，以引起买家的注意
D. 商品描述中只能插入一张图片

2. 以下属于店铺订单发货流程的是（　　）。
A. 查看买家留言　　　　　　　　　B. 核对买家地址
C. 核对店铺的发货、退货信息　　　D. 填写物流单号

3. 买家收货后给出的商品评价在哪里可以查看（　　）。
A. 店铺首页　　B. 商品详情页　　C. 评价管理页面　　D. 活动页面

4. 以下选项中，淘宝评价规则描述正确的有（　　）。
A. 交易双方在评价期内均未作出评价，系统不会产生默认评价
B. 中差评在评价后的 30 天内有一次修改或删除的机会
C. 一个自然月内，同一买家给卖家 7 个好评，累计积分为 6 分
D. 评价计算方法是好评+1，中评不计分，差评-1

三、判断题

1. 进入"千牛卖家中心"页面，点击"已卖出的宝贝"按钮可查看到店铺交易订单，点击"退款管理"按钮可查看到店铺售后订单。（　　）
2. 商家只需要对店铺的中差评进行管理和维护即可。（　　）

四、简答题

1. 简述商品发布的流程。

2. 简述 1688 一键铺货的流程。

3. 买家评价为"质量很好，性价比很高"，卖家应该如何回复买家评价？

4. 小芳在淘宝上买了一件连衣裙,收到货后发现穿着的效果没有想象中好,于是她申请了退款,请问卖家应该怎么处理她的退款申请?

项目五

网店活动营销

项目导入

营销活动是电商运营中不可或缺的一种营销策略，因其有着流量大、转化高等优点，是提升商品销量的好渠道。想要做好电商运营，应了解常见的平台活动和店铺活动，能积极参与或策划出优质活动，吸引更多流量的同时转化更多客户，从而提升店铺综合竞争力。

学习目标

知识目标

1. 学生能够说出营销活动的魅力所在。
2. 学生能够举例说明淘宝、京东、拼多多的官方活动。
3. 学生能够举例说明热门活动的玩法。
4. 学生能够举例说明店铺4种基本营销工具的设置方法。

能力目标

1. 学生能够准确说出聚划算、限时秒杀等活动的入口。
2. 学生能够完成4种基本营销工具的设置。

素质目标

1. 学生具备较强的实践能力。
2. 学生具备良好的分析能力和归纳总结能力。
3. 学生具备独立思考能力。
4. 学生具备创新意识和创新精神。

课前导学

5.1 了解不同平台的促销活动

营销活动是指通过精心策划的具有明确主题，能够引起大量人群参与的一个或是多个组合的活动，能够达到明显的促进销售的目的；它是集广告、促销、公关、推广于一体的营销手段。通俗来说，营销活动与商场打折促销类似，把优惠打折的商品放在集中的一个时间点去售卖，从而获得更多订单。

5.1.1 营销活动的魅力所在

无论在什么电商平台，总能看到各色各样的活动，如京东"618"、淘宝"双11"、拼多多"砍价免费拿"等。这些看似商家会亏损的活动对于店铺有什么意义呢？为什么这些店铺都要做活动呢？首先，大部分活动都以销售量或销售额作为最终目的，一场成功的活动可以为店铺带来更多订单。其次，活动还能吸引更多消费者积极参与、提高品牌曝光率和转化率，以及处理库存商品等，如图5-1所示。

图5-1 营销活动的魅力所在

1. 吸引消费者参与

一个好的活动可以调动消费者的积极性，吸引更多消费者参与到活动中来。正因如此，才能更好地宣传商品信息及品牌信息。某知名达人自创品牌曾在2022年11月8日发布抖音视频时，提及视频中的商品（豆浆粉）活动。由于视频制作精美及商品适用人群广，视频及活动一经推出，就吸引了3.3万人参与互动。

诸如此类的活动，通常需要参与者评论转发及晒单才能参与抽奖，这在提高商品原本销量的同时，还能提高商品曝光率，以及吸引更多新客户参与。一些规模较小的店铺，如果粉丝较少，预算也有限，可以考虑策划周年庆、新品满减等活动，吸引消费者的关注和参与。

2. 提高品牌曝光率

部分商家在策划活动时，不仅仅为了售卖商品，更重要的还是提高品牌曝光率。例如，某茶饮品牌就常在各个社交平台策划营销活动，把品牌内容不断推送到大众视野里。该茶饮品牌策划的微博活动，既介绍了某款饮品，也通过活动引发网友转发1.1万次，评论3380条。

当消费者熟悉、认可品牌且建立信任背书后，会更愿意购买品牌下的商品。例如，很多消费者在提到凉茶时，很容易联想到王老吉；在提到牛奶时，很容易联想到伊利、蒙牛等。

3. 提高店铺转化率

大部分成功的活动，都能为商品或店铺带来更多流量和转化。例如，某坚果类店铺在首页中放置的抢购活动海报商品，已累计销售 3.7 亿袋，取得傲人成绩。该店铺通过这种领券立减的活动，能有效提升商品销量。诸如这类领券减、满减的活动，很容易刺激消费者下单，有很大的概率提高店铺转化率。

4. 有利于新品销售

一般新品在没有基础销量和评价作信任背书的前提下，很难展开销售局面。部分商家在商品上新时，通过策划活动激励消费者下单，降低消费者初次消费成本，即可促使消费者购买新品。

当新品积累了一定的基础销量和评价后，才更有利于后期的销售。促销活动本质上是让利给消费者，但这样的让利并非时时都有，为了让消费者意识到这一点，商家应该营造出一种"机不可失，时不再来"的感觉，促使消费者快速接受并购买商品。

5. 处理库存商品

很多店铺都面临库存积压的问题。积压的商品如果不及时处理，则可能影响店铺的资金流转。针对这种情况，可利用促销活动来处理库存积压商品，例如，清仓 2 折活动。

由此可见，营销活动有诸多好处。卖家应该熟悉各个电商活动的玩法及具备策划活动的能力，让活动落地，为店铺带来更多订单。

5.1.2 淘宝、天猫平台活动

淘宝、天猫平台从创立之初就有很多促销活动，淘宝平台会投入大量的广告来进行宣传。平台提供的促销活动，部分有时间限制，例如，"双 11"在每年的 11 月 11 日举办。淘宝、天猫平台从 1 月到 12 月，都有不同主题的促销活动。图 5-2 所示为淘宝、天猫平台 2023 年 2 月的部分活动。满足招商条件的店铺，可在选择好商品后参与到活动中去，提升商品流量。

图 5-2　淘宝、天猫平台 2023 年 2 月的部分活动

除这些有时间限制的活动外，淘宝、天猫平台还推出多个没有时间限制的活动。例如，聚划算、淘金币等活动。

5.1.3 京东平台活动

京东平台商品分类也涵盖生活的方方面面，特别在家用电器、手机、数码等类目，积累了很多忠实客户。京东平台基本每个月都推出不同主题的活动。比如，2023 年 4 月京东推出了数个活动，其名称和时间如图 5-3 所示。

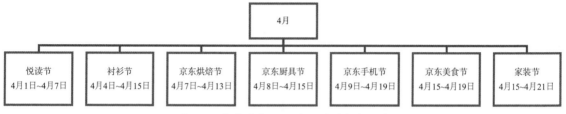

图 5-3　京东平台 2023 年 4 月的部分活动

在京东平台中，最出名的活动为每年 6 月 18 日的京东"618"。据京东官方宣布，2022 年 6 月 1 日 0 时~6 月 18 日 24 时，京东"618"累计下单金额超 3793 亿元，创下新的纪录。有意向参加京东官方活动的商家，可在京东营销活动中心报名。除此之外，京东平台的商家也可以使用店铺营销策划活动，如单品促销、拼购、满减等。

5.1.4 拼多多平台活动

拼多多通过人性的消费心理定位，源源不断地吸引着新客户。在拼多多售卖的商品，以价格低廉的爆款商品为主。拼多多平台的活动也比较多，在拼多多首页中可看到如"限时秒杀""断码清仓""9 块 9 特卖""每日摇红包"等活动，如图 5-4 所示。其中，"限时秒杀""断码清仓"等活动在淘宝、京东中也比较常见。

图 5-4　拼多多首页的部分活动

值得一提的是，拼多多的裂变拉新类活动，特别是在社交平台（如微信）中传播的活动，裂变效果非常可观，如"砍价免费拿"。裂变拉新类活动，指通过利益驱动，让消费者自发大量传播活动，造成活动人员数量呈现指数增长的态势。

例如，拼多多某款投影仪推出"砍价免费拿"的活动，如图 5-5 所示。该活动规则为：在 24 小时内，发起者邀请新老用户通过自己分享的链接，进入拼多多 App 的活动页面砍价。每个用户可砍的金额不同，砍到底价"0 元"时，发起者可免费获得该商品。

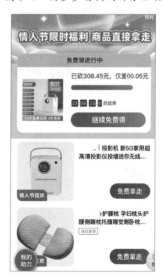

图 5-5　某款投影仪"砍价免费拿"的活动页面

免单活动中的发起者为了免费得到商品，会自发地转发分享。而被分享的人看到可以免费拿时，可能又会发起新的助力或砍价活动。这样活动分享范围不断扩大，商品知名度和平台用户数也随之不断地扩大。对活动感兴趣的商家，可以在"拼多多商家版"后台报名参加活动。

5.2 热门活动的玩法及介绍

电商平台的诸多活动有着人气旺、流量大等优点，但对报名商家和商品有一定的门槛限制。商家在参加平台活动前，应仔细阅读活动规则及招商规则，并找到适合自己的活动。下面列举一些热门活动的玩法及介绍，如聚划算、天天特卖、百亿补贴等。

5.2.1 聚划算

聚划算是阿里巴巴旗下的团购网站，因为依托淘宝网的消费群体，有着用户基数大、流量多等优点。聚划算展现位置在手机淘宝首页的显眼位置，如图5-6所示。点击进入聚划算页面，可看到聚划算还分为"今日推荐""百亿补贴"等活动，如图5-7所示。

聚划算自身就拥有丰富的流量，参加聚划算的商品，基本都能取得不错的销量。除此之外，聚划算还有着商品流量大、有利于打造爆款商品、清理库存商品等优点，符合参与条件的商品可积极参与其中。聚划算有多个类型，包括商品团、品牌团、竞拍团等，如图5-8所示。

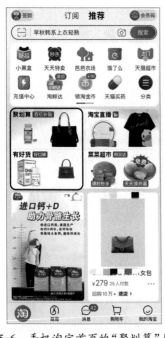
图5-6 手机淘宝首页的"聚划算"展位

图5-7 聚划算的活动页面

图5-8 聚划算的类型

其中，商品团是最常见的限时特惠的体验式营销模式，是很好的爆款营销渠道，也是低成本获取客户的方式，有着展位多、门槛低、流量稳定等优点。品牌团是基于品牌限时折扣的营销模式，是品牌规模化出货、快速抢占市场份额、提升品牌认知的好渠道，适合少量库存、多种款型的品牌商参与。竞拍团是中小商家快速参与聚划算的营销模式，因为采用流程系统审核，中小商家更有机会参与进来。而且通过市场化的竞价模式，竞拍费用反映了参加聚划算的意愿，由卖家掌握更多主动权。

除此之外，聚划算还有诸如聚名品、聚新品等类型。商家可在活动中心查看各个类型及报名条件。根据聚划算招商规则，商家想要报名聚名品，需满足以下条件。

1. 店铺报名条件

店铺须符合《营销平台基础招商标准》要求。近30天内参加过聚划算的店铺（除主营类目为保险的店铺外），近30天参聚订单金额退款率不超过50%；且商家应满足以下条件。

- 店铺开店时长：≥90天。
- 店铺星级：≥1钻。
- 店铺近半年动态有效评分：≥50个。
- 宝贝与描述相符（DSR）：≥5.7。
- 卖家的服务态度（DSR）：≥5.7。
- 卖家的物流服务（DSR）：≥5.6。

要求店铺提供活动商品的完整进货链路或完整的品牌（商标）授权链路证明。属于进口商品的，还应提供参聚商品近1年内的海关报关单据、品牌商标注册证及商标注册人至该商家的完整销售授权凭证，如品牌商直接授权集市商家为最佳。

2. 商品条件

聚划算招商规则规定，报名商品必须同时符合以下条件，方可报名。

- 商品须符合《营销平台基础招商标准》要求。
- 聚名品商品报名时，不强制提供质检报告。
- 手表类目商品必须支持全球联保或国际联保。
- 天猫店铺报名商品的"宝贝与描述相符"评分达5.7及以上。

除以上要求外，对商品的主图和描述也有要求，具体如下。

- 商品主图尺寸为960像素×640像素。
- 主图左上角必须有品牌LOGO，且LOGO不得有底色。
- 图片中不得有文字（除特别活动要求外），不得有拼接图。
- 商品描述中必须有品牌故事的内容。
- 商品主图的款式在开团前必须有库存。
- 报名商品必须设置商品限购数量，限购数量最高为5个（特殊类目除外）。

图片如果引用官网、其他网站或人物肖像，需要获得版权所有者同意，否则因此引起的纠纷投诉一旦成立，除立即取消商品的活动资格外，还将取消该商家在当季的聚名品商家资格。满足报名条件的店铺及商品，可积极参与到聚划算活动中去，提高商品曝光率。

5.2.2 淘金币

淘金币是淘宝网的虚拟积分。消费者通过购物、签到、种树等方式都可以得到数量不等的淘金币。当淘金币积累到一定数量后，可以参加抽奖活动或购物时抵扣部分金额。例如，淘金币页面显示，部分商品可用淘金币抵扣一定金额，如图5-9所示。

淘金币的玩法多种多样，对于商家而言，常见的玩法包括签到送金币、分享送金币、收藏送金币、购物送金币、金币抵现通等，如图5-10所示。

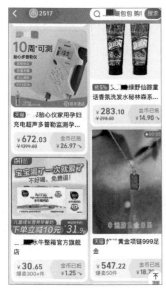

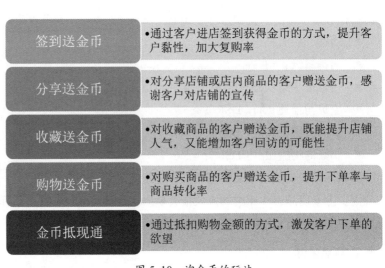

图5-9　淘金币的活动页面　　　　图5-10　淘金币的玩法

另外，商家参加淘金币活动，还有机会获得淘金币频道的展位，提升商品流量和销量。纵观淘金币频道的商品，可以发现不同的商品抵扣有所差异。有的商品淘金币抵扣比例高，有的商品淘金币抵扣比例低。通常，只有两种情况适合设置淘金币高抵扣，一种是参加淘金币活动，活动规则要求商家给高抵扣，如30%、50%等；另一种是想要客户更有动力参与到店铺签到送金币、分享送金币、收藏送金币等活动中来，就只有设置高抵扣。

除以上两种情况外，其他淘金币抵扣比例一般为2%、5%和10%。其中，2%和5%较为常见，10%都很少。不能设置过高的原因有两个：一个是淘宝平台防止商家设置过高的比例，导致市场混乱；另一个是商家设置过高，则客户支付的金额就少了，相应的利润也减少了。所以，大部分商家除参加活动外，不会设置淘金币高抵扣。

5.2.3 天天特卖

天天特卖，原天天特价，是一个快速引流的淘宝活动。天天特卖在电脑端和手机端都有专门的展位，客户通过点击展位，进入活动页面。图5-11所示为移动端的天天特卖活动页面，页面中的商品价格普遍偏低，更有"买贵必赔"服务。

很多喜欢实惠的消费者喜欢聚集在该活动中，寻找心仪的商品。故商品参加天天特卖，普遍都能吸引很多流量。天天特卖活动还包括多种玩法，商家通过"卖家中心"→"营销中心"进入天天特卖活动页面，即可看到最近可参加的活动。各个活动之间的差距不大，商家可阅读各个活动的招商规则，选择适合自己的活动报名即可。

由于天天特卖的流量和销量都一一计入搜索流量和销量，所以很多商家蜂拥而上，想报名参与到活动中去。但每个活动都有相应的条件，如"天天特卖极致爆款-9.9元包邮"报名商家必须满足且不限于以下条件。

- 卖家信用等级在一钻及以上。
- 店铺须支持淘宝消费者保障服务。
- 店铺近730天(含)不存在出售假冒商品扣分。
- 除部分主营虚拟商品一级类目外，其他店铺实物交易占比须在90%及以上。
- 近半年店铺DSR评分三项指标分别不得低于5.6分。
- 店铺在365天内因违反《淘宝规则》《天猫规则》等导致扣分达12分的，不能参加。
- 店铺开店时长在90天及以上。

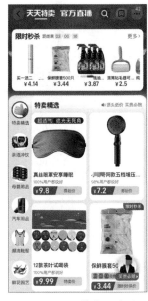

图 5-11　天天特卖活动页面

商品必须同时符合以下条件。
- 商品须符合《天天特卖日常单品招商标准》要求。
- 报名商品除特殊类目外，库存须不低于1000件；如果是女装/女士精品、女士内衣/男士内衣/家居服类目，库存须不低于3000件。
- 报名商品活动价格低于《天猫及营销平台最低标价规则》的"天天特卖最低标价"规则，且商品活动价格低于9.9元。
- 报名商品历史销售记录必须满足相应条件，如女装/女士精品、男装、女士内衣/男士内衣/家居服类目商品近30天的历史销售记录必须大于100笔。

部分商家会发现自己虽然满足招商规则条件，却依然报不上名。针对这种情况，商家可先优化店内商品细节。商家如果想知道报名为什么没通过，可以马上再次进行报名，系统会有所提示。

5.2.4 "双11"活动

"双11"活动指的是每年11月11日的网络促销日。在这一天，诸多店铺都会进行大规模促销活动。"双11"活动起源于2009年11月11日，最早的出发点仅仅是想做一个属于淘宝商城的节日，目的是扩大淘宝的影响力。时至今日，"双11"活动不仅仅是电商消费节的代名词，对非网购商城和线下商城也产生了较大的影响。

根据阿里巴巴官方数据显示，2021年天猫"双11"总成交额达到5403亿元。而且在天猫"双

11"近 10 年的销售额变化中，可见每年的销售额都在递增，如图 5-12 所示。

图 5-12　天猫"双 11"近 10 年的销售额数据

由此可见，天猫"双 11"活动的影响力之大。不少店铺通过"双 11"大促，取得了傲人成绩。与聚划算、天天特卖等营销活动相比，"双 11"一年只有一次，其影响力也更为惊人。商家应提前对每年的"双 11"活动进行剖析，满足条件的商家，可以积极参与到"双 11"促销活动中去。

正是因为"双 11"活动的影响力之大，故备货也成了很多商家头疼的问题。备货过多，则容易导致库存商品过多，资金无法正常流动；备货过少，最直接的就是担心有流量、销量却无货可发。备货问题主要还是根据具体情况具体分析。例如，有的商家实力较强，在活动前就需要做活动预热，如参加聚划算、开直通车等。这类商家在备货时，就要考虑多个活动带来的流量、销量问题，故需要多备货。

卖家在备货时要做到量力而行，看清自己公司的规模、行业排名等；还应通过生意参谋来分析平时的流量、转换率、销售额及往年"双 11"战绩等；不能忽略整个市场环境，如竞争对手的数量、行业销售的疲软等问题。另外，如果商家只想参加"双 11"活动，则没有这方面的考虑；如果商家有意参加"双 11"和"双 12"活动，则在备货时也可以考虑"双 12"的商品问题。"双 12"会优先考虑"双 11"的商品。

"双 11"活动期间，开直通车也是关键词的竞赛。大词、热词出价的人多，竞争激烈，有时一个关键词甚至可以出价高达几十元。中小卖家经济实力稍微薄弱，在选择关键词时就要避开热词，找到部分转化率不错的长尾关键词。

在活动前期和进行时，一定要竭尽所能地去做推广。部分商家会考虑到成本问题，不上直通车。但在活动当天会发现，再高的扣费都上不去了。不过，中小商家在开直通车时，要考虑推广费用及利益回收。如果能接受平本，就在平本的前提下，能花多少就花多少；如果能接受亏本，也要有个底线，不能盲目开直通车。

商家如果有私域流量（如微信、微博、抖音），在活动开始前，也要注重这些流量的利用。先把活动玩法和爆款商品分享出来，让更多人参与到活动中来。

5.2.5 限时秒杀

拼多多的限时秒杀活动定位于"大流量和快速成单",频道位于首页第一个位置。限时秒杀拥有千万级流量,是拼多多流量和转化率最好的频道之一。如图5-13所示,限时秒杀频道中的商品销量都不错。

参加限时秒杀活动有以下优势。

- 免费获取千万级流量,迅速累积店铺销量。
- 超低门槛报名,对全网卖家开放。
- 秒杀销量提升商品搜索排位,助力分类页冲排序,增加个性化推荐权重。

虽说限时秒杀报名门槛低,但也不是完全没有门槛。限时秒杀对店铺的要求如下。

- 单店铺本次活动最多可报名的商品数量为9999个。
- 该活动24小时内,最多可以报名25次。
- 店铺领航员需要满足活动要求的评分。
- 店铺活动保证金须大于等于5000元,方可报名活动。
- 店铺的账户资金状态正常方可报名活动。

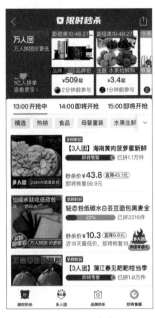

图5-13 限时秒杀页面

同时,限时秒杀对商品也有一定的要求,如商品所在店铺开通退货包运费、商品综合竞争力、商品类目要求、商品历史评价数量(仅统计有效评价)等。满足报名条件的商品,可积极参与到限时秒杀活动中去,增加商品流量。

5.2.6 百亿补贴

拼多多的百亿补贴活动,是指拼多多官方在商家成本价的基础上给予一定比例的补贴,让平台用户能买到最具价格优势的品牌商品。拼多多百亿补贴目前有多个流量入口,如首页大入口、不定期的首页banner第一帧、不定期的拼多多开屏、站内消息推送及快手、抖音、今日头条、朋友圈广告等渠道。

拼多多百亿补贴从2019年开始以来,日活跃用户数已突破1亿,参与该计划的国内外品牌已超过数千家,补贴商品超过数万款,其中不乏数码、母婴、美妆等全网热销商品。部分百亿补贴商品页面如图5-14所示。

商品参与百亿补贴活动可获得搜索、推荐场景大幅加权,帮助商品快速积累基础销量,从而积累更多店铺粉丝。但同时,参与活动的商品也必须给出低于市场价的价格,那么商家还愿意参加拼多多平台的百亿补贴活动吗?参与活动能否赚到钱?

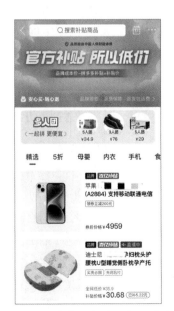

图5-14 部分百亿补贴商品页面

真心食品是一个成立20多年的传统食品企业，在2017年提出"三年计划"后，当年公司电商业务年交易额大概1000多万元；到了2018年，相较于2017年的交易额增长约240%；再到2019年年底，销售额已经超过1.2亿元，并在多个电商平台成为头部卖家。

公司电商业务的发展离不开拼多多平台的增长。2019年5月，公司开始和拼多多对接，当时是一个全新的店铺，销量为0。因为品牌知名度不小，同年6月拼多多小二就邀请店铺参加百亿补贴活动。从6月到同年12月，经过7个月的时间，店铺销售额呈增长趋势。

通过百亿补贴，增长的不仅仅是商品销售额，还有粉丝数量。截至目前，该公司的某店铺已在拼多多平台积累了200多万粉丝。在很多人看来，拼多多用户可能集中在三、四线城市，但根据店铺后台数据显示，店铺粉丝主要以一、二线城市为主。

那么，平台对于百亿补贴是如何补的呢？拼多多目前确实是在拿现金做补贴，具体补贴金额是品牌方成本报价与平台售价的差额。以一件成本报价（含商品成本、物流成本、运营成本）为100元的商品为例，拼多多平台会派小二验证价格合理性。如果不合理，无法通过审核、上架；反之，小二则会与商家探讨，根据行业需要制定一个合理价格。具体的补贴金额也是小二和商家探讨而得的，基本能在保证品牌成本的情况下，缩短消费者的购买决策时间。

值得一提的是，并非店内所有商品都能参加百亿补贴活动。该店铺有近200款商品，参与百亿补贴活动的仅在50款左右。平台和商家都会考虑商品的竞争优势及是否符合该活动等因素。

总体而言，参加百亿补贴活动不仅能提升业绩、增长粉丝数量，还有小二耐心指导，帮助店铺提高运营能力，是一个帮助店铺快速成长的方式之一。目前，百亿补贴已不再是拼多多平台专属，诸如淘宝、京东平台也陆续推出百亿补贴活动。对这一活动感兴趣的商家，可对这一活动进行详细了解。

电商平台的活动数不胜数，除以上几种外，还包括京东"618"、淘宝年货节、淘宝母婴节等。商家可结合产品特征及活动招商要求，参加到活动中去，提高产品的曝光量和转化率。

5.2.7 报名平台活动

虽说不同电商平台及不同活动有不同的招商要求，但总的来说只要熟悉报名平台活动流程，就能"举一反三"报名多个平台活动。这里以淘宝平台为例，找活动及报名活动的流程具体如下。

▷**步骤1** 进入"千牛卖家中心"页面，点击"营销中心"中的"活动报名"按钮，如图5-15所示。

▷**步骤2** 系统自动跳转至营销活动中心，选择心仪的活动，点击右上角的"去报名"按钮，如图5-16所示。

图5-15 点击"活动报名"按钮

图 5-16　点击"去报名"按钮

▷**步骤 3**　系统自动跳转至报名流程，按照页面中的提示仔细查看并按步骤操作及上传相关资料，如图 5-17 所示。

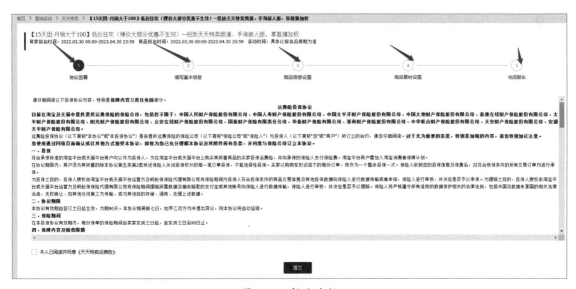

图 5-17　报名流程

根据提示上传资质并提交后，就可以等待系统审核，如果审核通过，则说明报名成功，可准备活动所需素材，如活动产品、产品图片/视频等。

5.3　借助官方营销工具设置店铺活动

官方活动对于新店而言，门槛高、难度大，很多新手商家都无法报名成功。其实，商家也可以借助官方营销工具自己策划店铺活动，如常见的满减、组合打折、优惠券等。每个电商平台都有一些官方促销工具，如淘宝商家常用的平台官方促销工具主要包括单品宝、搭配宝、店铺宝、优惠券等，如图 5-18 所示。

图 5-18　淘宝商家常用的平台官方促销工具

5.3.1 常见的店铺活动

店铺活动种类繁多，常见的活动主要包括赠送商品、组合促销等。商家应了解这些常见的促销活动，并能将其顺利应用。

1. 赠送商品

赠送商品是指通过向消费者赠送商品，来吸引消费者关注商品的性能、特点、功效等，从而达到促进销售的目的。常见的赠送商品活动包括赠送礼品促销及惠赠式促销，例如，买一赠一、送红包、送积分等。

2. 指定促销

指定促销是指对指定商品或对象赠送礼物。日常生活中常见的指定促销包括指定商品促销，如买杯子送杯垫；指定对象促销，如新用户享折扣。目前，随着淘宝直播的兴起，很多活动商品还设定了"直播间专享价"，吸引更多消费者进入直播间领取指定消费券后再下单。

3. 组合促销

组合促销是清理库存商品的一种方法，即将库存积压商品和热销商品进行巧妙地搭配，通过合理的店铺陈列，用热销商品来带动库存积压商品的销售，同时对热销商品的销量也有一定的帮助。

常见的组合促销方式包括搭配促销、捆绑式促销、连贯式促销等。常见的搭配促销，比如衣服搭配鞋帽卖；常见的连贯式促销，比如第二件半价等。

4. 附加值类促销

附加值类促销是指商家围绕促销商品展开隐性服务，以此提高商品使用价值。例如，购箱包终身免费清洗，购家电赠送三次免费上门维修服务等，以此提升商品额外价值，刺激消费者下单购买。某按摩椅详情页标注了赠品及服务，除赠送电风扇、电烤箱等实体赠品外，还提供免费使用150天、延保3年、顺丰快递配送等附加价值。

5. 名义主题类促销

名义主题类促销是指以某某名义而展开的活动。例如，常见的首创式活动"某某首发"，主题性活动"感恩回馈"，以及公益性活动和配合平台主题活动，如"双11"、聚划算等。这些活动就是找到与品牌相关的点，去策划相关活动来吸引眼球。

活动加上"感恩回馈"的名义，给消费者营造出一种更人性化、更暖心的感觉，进而刺激消费者购买。除感恩这一主题外，还可以考虑加入诸如店庆、销量破十万回馈老客户等主题。

6. 节日促销

节日促销是指以特殊的节日、纪念日等方式推出促销活动来吸引消费者。例如，常见的"618""双11"及年货节等，都是以节日为理由推出的活动。还有常见的周年庆活动，也是以纪念日为理由推出的活动。这种以特殊日期为由的促销方式，贴合消费者的心理，较能为消费者所接受。

商家可以根据自己店铺的实际情况策划纪念式活动，如店铺开业1周年庆，全店享9折，或者每月15日为会员日，当日全店商品8折等。

7. 奖励式促销

奖励式促销是指通过抽奖、互动及优惠券的方式，吸引更多消费者参与到促销活动中并得到相应的优惠。例如，常见的收藏有礼、签到有礼、抽奖免费领取等都属于奖励式促销活动。

奖励式促销可以强化品牌形象，提高消费者了解商品的兴趣。例如，某饰品类店铺在首页中标明"0元入会 享会员惊喜礼"，就是一个典型的入会有礼活动。消费者只需要根据提示注册店铺会员，即可领取一个30元无门槛券。

新客户在看到优惠券的信息时，可能都会抱着试一试的态度去注册会员。在这个过程中，或多或少会对商品有一定的了解，也就增加了转化的可能。

店铺促销活动远不止上述的类型，商家可根据自己的实际情况去策划更多的活动。

5.3.2 常见的折扣方式

一般活动都需要折扣去吸引消费者，这就要求商家对折扣有一定的了解，能设计出让自己与消费者双赢的折扣。常见的折扣方式如表5-1所示。

表 5-1　常见的折扣方式

折扣方式	解释	举例
隐形打折	隐形打折，通过较为复杂的计算方法与形式进行打折，给人更划算的感觉	例如，店庆期间，店内所有新品可享受 7 折优惠，简单明了，消费者一看就能明白。而隐形打折，可以在店庆期间充值 700 元送 300 元。很多消费者会认为，可以免费得 300 元，很划算。但细算下来，用 700 元买 1000 元的卡，$700 \div 1000 = 0.7 = 7$ 折
错觉打折	如果直接打折，可能会让消费者认为折扣商品的质量和服务不好。针对消费者的这种心理，可以换一种说辞来表现折扣	例如，一件原价为 100 元的商品，直接降至 80 元销售，消费者可能会认为这件商品实际只值 80 元，甚至更低。但如果商家在商品详情页中说明加 20 元可获得价值 100 元的某某商品一份，消费者则会认为这件商品本身价值就是 100 元
阶梯价格	阶梯价格，指让商品的价格随着时间的变化而出现递进式的变化，从而给消费者营造一种时间上的紧迫感，增强消费者的购物欲望	例如，一个原价为 99 元的水杯，活动期间，前 50 名抢购的消费者可享受 7 折购买；5~100 名抢购的消费者可享受 8 折购买；100 名以后的消费者可享受 9 折购买
降价加打折	降价加打折，指把一件商品先降价再打折，给消费者造成一种优惠力度非常大的感觉	例如，一件原价为 500 元的商品，直接 7 折销售，价格为 350 元；如果先降价为 450 元，再 8 折销售，价格为 360 元。后者更容易给消费者造成双重优惠的感觉，也更容易刺激消费者下单
随机式优惠	随机式优惠，指的是可以优惠，但优惠的额度及名额具有随机性。这种优惠方式最常见的类型就是抽奖	例如，下单参与刮奖、砸金蛋、大转盘等。这种优惠方式主要就是利用消费者的侥幸心理。很多人知道自己不一定会中，但还是会抱着试一试的心态去参与

折扣方式不仅限于上述几种，卖家可以根据自己的实际情况，去发现更多适合自己的方式，并进行合理应用。

5.3.3　单品宝的设置

单品宝是为单个商品打折的一个促销工具，支持商品级和 SKU 级的打折、减现、促销价。某个单品宝显示效果如图 5-19 所示。

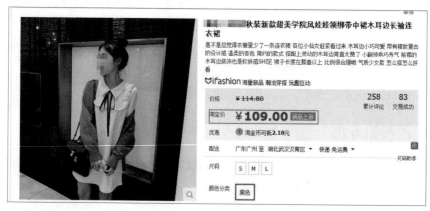

图 5-19　单品宝显示效果

1. 设置活动基本信息

在单品宝活动的设置中，活动基本信息主要包括活动标签、活动名称、开始时间、结束时间、优惠级别、优惠方式、定向人群等，下面讲解设置重点。

- 活动标签：选择日常活动，然后根据页面提示在其下拉框中选择适合店铺活动需求的标签。
- 活动名称：是用于管理自己店铺活动的，不显示给消费者，可以根据活动内容进行撰写，最多20个字。
- 开始时间和结束时间：根据店铺活动时间节点进行选择。
- 优惠级别：主要包括商品级和SKU级，商品级是对整个单品进行优惠打折，SKU级是对单品的某一个或某几个SKU进行优惠打折，因此可以结合店铺中商品活动的实际需求进行选择。
- 优惠方式：包括打折、减现、促销价，可根据活动需求合理选择。
- 定向人群：不建议勾选，因为设置人群优惠后，该人群优惠价仅在商品详情页中展示，搜索结果页将不展示，这样会大大减少商品的展示机会，降低了商品的转化率。
- 活动包邮和活动到期提醒：建议都勾选。

例如，某单品宝活动的基本信息设置页面如图5-20所示。

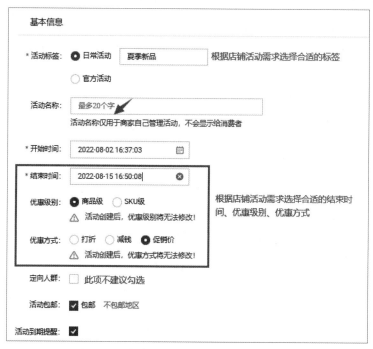

图5-20　某单品宝活动的基本信息设置页面

2. 选择活动商品

选择活动商品是指根据活动需求选择对应的商品，这里的商品数量最多可以选择1200个。单品宝选择活动商品页面如图5-21所示。

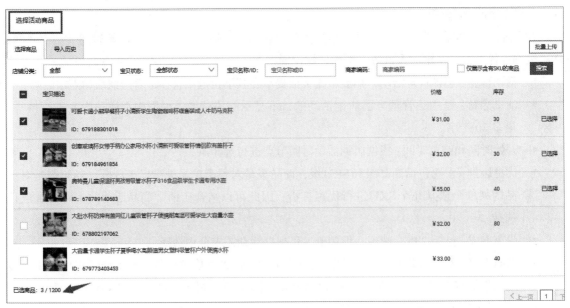

图 5-21　单品宝选择活动商品页面

3. 设置商品优惠

在设置好活动基本信息和选择活动商品后，接下来需要设置商品优惠。将选择好的活动商品进行优惠设置，优惠力度应高于店铺最低折扣，每人限购数量根据店铺实际情况合理选择。单品宝设置商品优惠页面如图 5-22 所示。

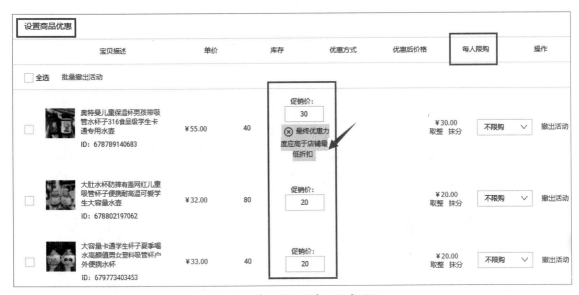

图 5-22　单品宝设置商品优惠页面

设置好商品优惠后，点击"保存"按钮，单品宝设置的活动即可开启，如图 5-23 所示；点击"返回列表"按钮，即可查看活动详情，图 5-24 所示。

图 5-23 活动设置成功页面

图 5-24 活动详情页面

5.3.4 搭配宝的设置

搭配宝是店铺商品关联的搭配工具，支持固定搭配和自由搭配，用来推荐适合的搭配商品，提升客单价和转化率。例如，某搭配宝设置的活动效果是，两款商品在搭配宝活动下可以省下 50 元，如图 5-25 所示。

图 5-25 搭配宝活动效果页

搭配宝活动设置也很简单，主要包括选择商品、设置套餐、设置优惠及完成并投放等。

1. 选择商品

搭配宝选择商品，主要是根据店铺活动需求选择一个主商品，然后再选择搭配商品，搭配商品的数量最多可以选择 8 个。例如，某搭配宝活动的选择商品页面如图 5-26 所示。

图 5-26　某搭配宝活动的选择商品页面

2. 设置套餐

设置套餐主要包括套餐名称、套餐介绍、套餐类型、套餐属性及套餐图等，设置时应注意以下事项。

- 套餐名称和套餐介绍：可根据选择的商品进行撰写，注意字数要求。
- 套餐类型：有自选商品套餐和固定组合套餐，自选商品套餐是指套餐中的搭配商品，消费者可有选择性地购买；固定组合套餐是指套餐所有商品打包销售，消费者需成套购买，因此可根据活动商品的选择需求作出合理的判断。
- 套餐属性：默认选择。
- 套餐图：可根据页面提示要求制作并上传，也可点击"智能合图"按钮自动生成。

例如，某搭配宝的套餐设置页面如图 5-27 所示。

图 5-27　某搭配宝的套餐设置页面

3. 设置优惠

设置优惠主要包括基础优惠、更多优惠等，设置时应注意以下事项。

- 包邮：勾选"卖家承担运费"。
- 选择优惠和优惠类型：保持默认选项。
- 活动时间：根据店铺活动需求选择，活动的持续时间最多是 180 天。
- 活动预热：可根据实际情况选择具体的天数。
- 到期提醒：建议勾选。

例如，某搭配宝的优惠设置页面如图 5-28 所示。

图 5-28　某搭配宝的优惠设置页面

值得注意的是，对主商品和搭配商品设置搭配价，价格折扣根据活动需求合理设置且不能低于店铺最低折扣。例如，某店铺通过搭配宝为主商品和搭配商品设置的搭配价如图 5-29 所示。

图 5-29　某两个商品的搭配价设置页面

4. 完成并投放

完成前面三步设置后，点击"保存套餐"按钮，即套餐设置成功，可根据页面提示进行预览，如图 5-30 所示。

图 5-30　搭配宝套餐预览

如果想查看更多套餐设置信息,返回搭配宝首页,即可查看到商品套餐的活动详情,如图 5-31 所示。

图 5-31　搭配宝商品套餐的活动详情页面

5.3.5　店铺宝的设置

店铺宝是一款店铺级优惠活动软件,支持创建部分商品或全店商品的满减、满折、满包邮、满送权益、满送赠品等营销活动。例如,某店铺的店铺宝活动支持部分商品满 199 元减 100 元,如图 5-32 所示。

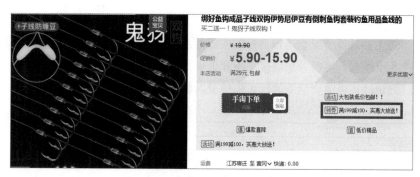

图 5-32　某店铺的店铺宝领券活动

店铺宝活动设置也很简单,主要包括设置活动基本信息、设置优惠门槛及内容、选择商品等。

1. 设置活动基本信息

店铺宝活动的基本信息设置主要包括活动名称、优惠类型、开始时间、结束时间等,设置时应注意以下事项。

- 活动名称:可根据活动的具体内容进行描述,要求不超过 10 个字。
- 优惠类型:有自选商品和全店商品,根据店铺活动需求进行选择。
- 开始时间和结束时间:按照活动实际需求进行选择。
- 低价提醒:仅用于风险提示,当活动覆盖商品预测到手价低于所填折扣时进行提醒,这里的折扣值建议按店铺设置的最低折扣值进行填写。
- 定向人群:不建议勾选,因为设置人群优惠后,该人群优惠价仅在商品详情页中展示,搜索结果页将不展示,这样会大大减少商品的展示机会,降低了商品的转化率。
- 活动目标:可根据活动名称来匹配选择。
- 活动到期提醒:建议勾选。

例如,某店铺宝活动的基本信息设置页面如图 5-33 所示。

图 5-33　某店铺宝活动的基本信息设置页面

2. 设置优惠门槛及内容

店铺宝活动的优惠条件可根据店铺活动的实际需求进行选择，具体要求可查看页面提示。优惠门槛最多可设置 5 级优惠，且每一层级优惠折扣值要比上一层级的低。优惠内容可根据活动的实际需求合理选择。例如，某店铺宝活动的优惠门槛及内容设置页面如图 5-34 所示。

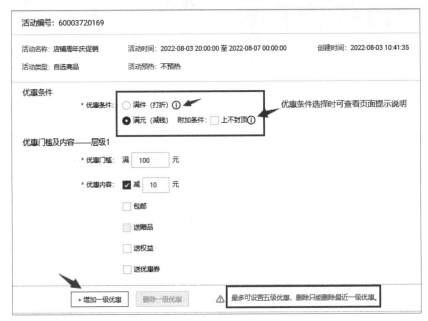

图 5-34　某店铺宝活动的优惠门槛及内容设置页面

3. 选择商品

在设置好活动基本信息及优惠门槛、内容等信息后，接下来需要选择参加活动的商品，如图 5-35 所示。

图 5-35　选择参加店铺宝活动的商品

然后点击"下一步"按钮，即可完成活动设置，如图 5-36 所示。

图 5-36 活动设置成功页面

在活动设置成功的页面中，有提示活动推广的 4 种渠道，在此处只需默认自动推广即可。然后点击"返回列表"按钮，即可查看活动详情，如图 5-37 所示。

图 5-37 活动详情页面

5.3.6 优惠券的设置

优惠券是一种虚拟的电子券，商家可以在不用充值现金的前提下针对新客户或不同等级的会员发放不同面额的优惠券。优惠券有店铺优惠券、商品优惠券和裂变优惠券 3 种类型，如图 5-38 所示。

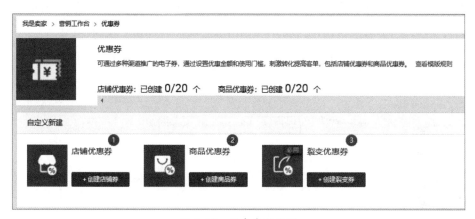

图 5-38 优惠券的类型

下面逐一讲解设置店铺优惠券、商品优惠券及裂变优惠券的具体方法。

1. 设置店铺优惠券

设置店铺优惠券的第一步是设置活动基本信息，主要包括推广渠道、名称、开始时间、结束时间、低价提醒、活动目标等。

- 推广渠道：默认选择全网自动推广，设置成功后，优惠券会被显示在店铺内。
- 名称：建议按照优惠券的类型填写。
- 开始时间和结束时间：可根据店铺活动需求进行选择，有效期最长是 60 天。
- 低价提醒：仅用于风险提示，当活动覆盖商品预测到手价低于所填折扣时进行提醒，这里的折扣值建议按店铺设置的最低折扣值进行填写。
- 活动目标：可根据活动内容来匹配选择。
- 到期提醒：建议勾选。

例如，某店铺优惠券的基本信息设置页面如图 5-39 所示。

图 5-39　某店铺优惠券的基本信息设置页面

在设置店铺优惠券的基本信息后，下拉页面可以设置面额信息。面额信息中的各项根据店铺活动的实际需求填写，其中优惠金额输入整数金额，且面额不得超过 5000 元。发行量须大于等于 1000，不超过 10 万。例如，某店铺优惠券的面额信息设置页面如图 5-40 所示。

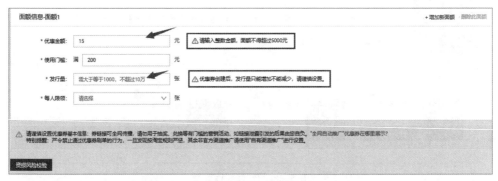

图 5-40　某店铺优惠券的面额信息设置页面

以上信息设置完成后，点击"资损风险校验"按钮，即可完成店铺优惠券的创建，如图 5-41 所示。

图 5-41　店铺优惠券的创建成功页面

点击"返回列表"按钮，即可查看店铺优惠券详情，如图 5-42 所示。

图 5-42　店铺优惠券详情页面

2. 设置商品优惠券

创建商品优惠券的流程与店铺优惠券大体一致，可按照创建店铺优惠券的步骤来设置，唯一不同的是，在创建商品优惠券的过程中需要选择商品范围，一张商品优惠券最多可以选择 100 个指定商品，如图 5-43 所示。

图 5-43　商品优惠券的基本信息设置页面

3. 设置裂变优惠券

设置裂变优惠券主要包括设置活动基本信息、设置分享者优惠券及被分享者优惠券。活动基本信息主要包括名称、推广渠道等。名称建议按照优惠券的类型填写；推广渠道默认选择通用，设置后可在商品详情页、直播间、普通优惠券领券页面、店铺宝活动页面、店铺装修模块中自动展示，如图 5-44 所示。

图 5-44　裂变优惠券的基本信息设置页面

分享者优惠券的设置内容主要包括券类型、商品范围、开始时间、结束时间、开始透出时间、优惠金额、使用门槛等。

- 券类型：根据店铺活动的实际需求进行选择，此处以选择"商品券"为例讲解。
- 商品范围：根据活动需求选择对应的商品，一张商品优惠券最多可以选择 100 个指定商品。
- 开始时间和结束时间：可根据店铺活动需求进行选择，有效期最长是 60 天。
- 开始透出时间：建议与开始时间设置一致。
- 优惠金额：输入正整数金额，面额不能超过 5000 元，且不小于 5 元。
- 使用门槛、发行量、分享人数：均可根据店铺活动的实际需求来选择，其中发行量最多不超过 10 万张。

例如，某分享者优惠券的信息设置页面如图 5-45 所示。

图 5-45　某分享者优惠券的信息设置页面

被分享者优惠券的设置内容主要包括券类型、商品范围等。
- 券类型：根据店铺活动的实际需求进行选择，此处以选择"商品券"为例讲解。
- 商品范围：根据活动需求选择对应的商品，一张商品优惠券最多可以选择 100 个指定商品。
- 使用时间：根据分享者时间自动生成。
- 优惠金额：输入正整数金额，面额不能超过 5000 元。
- 使用门槛：可根据店铺活动的实际需求来选择。
- 发行量：按照页面中提示的计算规则进行计算填写，即被分享者券发行量大于等于分享者券发行量*分享人数*1.5。

例如，某被分享者优惠券的信息设置页面如图 5-46 所示。

图 5-46　某被分享者优惠券的信息设置页面

以上信息设置完成后，点击"确认创建"按钮，即可完成裂变优惠券的创建，如图 5-47 所示。

图 5-47　裂变优惠券的创建成功页面

点击"返回列表"按钮，即可查看裂变优惠券详情，如图 5-48 所示。

图 5-48　裂变优惠券详情页面

课堂实训

任务　店铺基本营销工具设置

📋 任务说明

小王是 A 淘宝店的一名推广专员，时值店铺 3 周年庆典之际，他想通过策划店铺促销活动使流量、转化率和客单价得到一定的提高，增加网店的销售额。

本次任务将通过淘宝平台常用的促销工具单品宝、搭配宝、店铺宝和优惠券的设置，来帮助小王达到策划店庆活动的目的。

📋 任务目标

学生能够完成 4 种基本营销工具的设置。

📋 任务实施

1. 单品宝设置

▷ **步骤 1**　进入"千牛卖家中心"页面，点击"营销中心"中的"店铺营销工具"链接，进入工具列表界面，点击"单品宝"按钮，如图 5-49 所示。

图 5-49　点击"单品宝"按钮

▷**步骤2** 进入单品宝活动设置页面，填写活动基本信息，如图5-50所示。

图5-50 进入单品宝活动设置页面

▷**步骤3** 填写好单品宝的活动信息后，点击"完成创建"按钮，即可完成单品宝设置。

2. 搭配宝设置

▷**步骤1** 进入"千牛卖家中心"页面，点击"营销中心"中的"店铺营销工具"链接，进入工具列表界面，点击"搭配宝"按钮，如图5-51所示。

图5-51 点击"搭配宝"按钮

▷**步骤2** 进入搭配宝活动设置页面，填写活动基本信息，如图5-52所示。

图5-52 进入搭配宝活动设置页面

▷**步骤3** 填写好搭配宝的活动信息后,点击"完成创建"按钮,即可完成搭配宝设置。

3. 店铺宝设置

▷**步骤1** 进入"千牛卖家中心"页面,点击"营销中心"中的"店铺营销工具"链接,进入工具列表界面,点击"店铺宝"按钮,如图5-53所示。

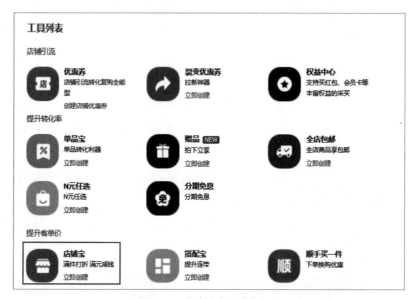

图 5-53　点击"店铺宝"按钮

▷**步骤2** 进入店铺宝活动设置页面,填写活动基本信息,如图5-54所示。

图 5-54　进入店铺宝活动设置页面

▷**步骤3** 填写好店铺宝的活动信息后,点击"完成创建"按钮,即可完成店铺宝设置。

4. 优惠券设置

优惠券有多种类型,这里以创建"店铺优惠券"为例,进行任务实操。

▷**步骤1** 进入"千牛卖家中心"页面,点击"营销中心"中的"店铺营销工具"链接,进入工具列表界面,点击"优惠券"按钮,如图5-55所示。

图 5-55　点击"优惠券"按钮

◎ **步骤2**　进入优惠券活动设置页面,点击"创建店铺券"按钮,如图 5-56 所示。

图 5-56　点击"创建店铺券"按钮

◎ **步骤3**　进入创建店铺优惠券页面,填写优惠券的基本信息、面额信息,如图 5-57 所示。

图 5-57　填写优惠券的基本信息、面额信息

▷**步骤4** 填写好店铺优惠券的活动信息后,点击"完成创建"按钮,即可完成优惠券设置。

项目评价

【项目评价表1——技能点评价】

序号	技能点	达标要求	学生自评		教师评价	
			达标	未达标	达标	未达标
1	举例说明各个平台的促销活动	(1)举例说明3个淘宝、天猫的促销活动 (2)举例说明3个京东的促销活动 (3)举例说明3个拼多多的促销活动				
2	掌握热门活动的玩法	(1)阐述聚划算的移动端入口 (2)阐述天猫"双11"活动的销售额情况 (3)掌握报名平台活动的流程				
3	完成4种基本营销工具的设置	(1)能根据活动需求合理设置4种营销工具的优惠内容 (2)能根据设置方法规范完成4种营销工具的设置				

【项目评价表2——素质点评价】

序号	素质点	达标要求	学生自评		教师评价	
			达标	未达标	达标	未达标
1	较强的实践能力	具备较强的理解能力及实践能力				
2	良好的分析能力和归纳总结能力	(1)具备较强的分析总结能力 (2)逻辑思维能力强,善于分析相关资料并归纳总结				
3	独立思考能力	(1)遇到问题善于思考 (2)具有解决问题和创造新事物的意识				
4	创新意识和创新精神	(1)具备协同创新能力 (2)能够树立创新意识、创新精神				

思政园地

淘宝商家利用优惠券做促销

服装类目的商家每逢换季都会特别忙碌,除旧款清仓处理外,还有就是做好新一季新品的上架工作,此时为了引流,店铺都会做一些促销活动。优惠券作为商家们常用的一种促销方式,虽然常用却又不知道要如何利用好优惠券,那么商家需要注意以下几个方面。

1. 熟悉优惠券的赛道

在很多消费者眼中,使用优惠券购买商品会给他们实惠;而在商家眼中,优惠券不仅仅是给一个折扣金额吸引消费者来购买,如果优惠券做得好,还能维护好店铺老客户群体,增加回购率。因此,在发放优惠券之前,不仅要找准目的地,了解活动的方向,还要提前作好各项准备,避开其间可能发生的问题。商家应该从优惠券的目的出发,才能制定一个适合自己店铺的优惠券营销方案。

2. 优惠券方案

首先,商家要对店铺有一个了解。例如,这次要做优惠券活动的是一家男装店,店铺中无论是上衣还是裤子都是同一种风格的,这就方便做套餐搭配来提高客单价;并且该店铺风格鲜明,有一定的粉丝基础,这就有利于客户回购。

其次,对活动目的有规划。近段时间刚好处于旧款清仓和新款上新的时期,这次做优惠券的目的就是快速清仓和增加新款销量,优惠券设置就不能再只是无门槛券了,而是要针对不同商品来设置不同的使用门槛。在活动准备方面,要选择好做活动的商品和使用到的工具。

做活动的目的更多的是利用优惠促销的噱头来引流,增加销量。但是,促销活动本身存在一定的风险,如果用得好,销量可以有效提升;如果用得不好,不仅没得赚,还有亏本的风险。只有设置合理的让利幅度,才是优惠券的正确使用方式。

请针对上面的案例思考以下问题。

一般情况下,你觉得新品优惠券设置在什么时间段比较合适?

___

___

___

 ## 课后习题

一、单选题

1. 搭配宝有几种搭配方式(　　)。
A. 1　　　　　　　　B. 2　　　　　　　　C. 3　　　　　　　　D. 4

2. 以下哪个不是店铺宝的优惠内容(　　)。
A. 包邮　　　　　　B. 送优惠券　　　　C. 送红包　　　　　D. 送权益

3. 优惠券有几种类型（　　）。
A. 1　　　　　B. 2　　　　　C. 3　　　　　D. 4

4. 店铺宝的门槛优惠层级最多可以设置（　　）层。
A. 3　　　　　B. 5　　　　　C. 7　　　　　D. 9

5. 优惠券最多能发行（　　）张。
A. 1万　　　　B. 10万　　　　C. 20万　　　　D. 50万

二、多选题

1. 以下属于淘宝平台官方活动的是（　　）。
A. 聚划算　　　B."618"　　　C."双11"　　　D. 淘金币

2. 以下属于淘宝官方营销工具的是（　　）。
A. 搭配宝　　　B. 店铺宝　　　C. 单品宝　　　D. 优惠券

三、判断题

1. 在创建商品优惠券时，一张商品优惠券最多可以选择100个指定商品。（　　）

2. 搭配宝设置活动优惠的持续时间最多是90天。（　　）

3. 使用单品宝设置活动时，优惠级别有商品级和SKU级。（　　）

四、简答题

1. 淘宝平台的官方活动在哪里报名？

2. 淘宝优惠券这一营销工具一共可以设置几种优惠券？

项目六

网店推广工具

 项目导入

电商经营是一个繁杂的工作,包括多项内容,其中尤为重要的一项就是推广。为满足商家通过广告推广商品的需求,多个电商平台陆续推出推广工具。如淘宝、天猫平台的直通车、引力魔方、极速推;拼多多平台的多多进宝、多多场景等。这些工具的推广方式有所不同,商家需充分了解各个工具的功能,并熟练掌握其应用方法。

 学习目标

知识目标

1. 学生能够说出什么是直通车及其展示位置和扣费方式。
2. 学生能够举例说明直通车的基础设置。
3. 学生能够说出什么是引力魔方及其展示位置和扣费方式。
4. 学生能够举例说明引力魔方的基础设置。
5. 学生能够说出什么是淘宝客及淘宝客的推广方式和扣费方式。
6. 学生能够举例说明淘宝客的基础设置。

能力目标

1. 学生能够根据要求设计直通车的基础设置思路并用表格呈现。
2. 学生能够根据要求设计引力魔方的基础设置思路并用表格呈现。
3. 学生能够根据要求设计淘宝客的基础设置思路并用表格呈现。

素质目标

1. 学生具备敏锐的洞察力。

2. 学生具备良好的分析能力和归纳总结能力。

3. 学生具备独立思考能力和创新能力。

 课前导学

6.1 认识付费推广

部分商家在经营店铺的过程中,认为自家商品无须投放广告或盲目投放广告,导致出现推广效果不佳、浪费过多投放费用等问题。实际上,好的付费推广不仅能为商品带来更多收益,还能为商品获得更多自然流量。商家应该认识付费推广的重要性及常见的付费推广方式,为付费推广打下基础。

6.1.1 商品需要付费推广吗

截至目前,很多电商平台的大多数收入都来源于商家的付费广告。以淘宝平台为例,平台很大的一部分收入来源于直通车广告。例如,在淘宝的搜索框中随意输入一个关键词(这里以"电动牙刷"为例),搜索结果中的第一个商品一定是直通车推广商品,如图 6-1 所示。

诸如直通车这类的推广方式值得商家使用吗?这里用商家常遇到的 3 种错误的付费推广观念来回答这个问题。

1. 低成本创业不应该做付费推广

在任何地方创业都需要一定的成本,如在线下开店创业,需要缴纳高昂的转让费和租金。到了电商平台开店,虽然没有门店租金,却也需要支付一定的费用才能售卖商品,如推广费用。特别是随着流量平台趋于成熟,免费流量将会越来越少。因此,商家必须精通付费推广方法。

2. 店铺没流量,是因为投放广告少

部分商家一旦发现店铺没有流量,就认为需要付费做推广。即使在没有做商品内功的前提下,也开始付费推广,结果却不理想,花了钱,商品也没卖出去。付费推广只能锦上添花,而不能雪中送炭。

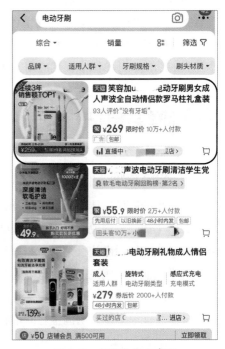

图 6-1 直通车推广商品

淘宝、拼多多等电商平台的大多数展位都免费为商家提供,只有少部分展位属于广告位置。所以,电商平台就得保证这少部分的位置能够收到满意的广告费。故而从机制上,系统希望让那些运营得好的商家去占领这些位置。因为运营得好的商家,更愿意付高昂的广告费。商品不是投广告变得优秀,而是优秀后才开始投广告。

当商家想去投放付费广告，可能就意味着要花很多钱。如果因为商品内功方面存在问题，如定价过高，即使有点击，但因为转化率较低也很难收回推广费用。所以，运营一家店铺，首先要通过优化商品的关键词、定价、主图、详情页等内容，来获得一定的免费流量，然后再去做付费推广，让这个本来就很优秀的商品有机会出现在精准人群眼前。

3. 只喜欢免费流量，不想付费做推广

部分商家运营免费流量做得不错，因为听到付费推广亏钱的例子，所以非常怕付费推广，认为免费流量挺好，无须再付费做推广。这个观念也十分错误，例如，淘宝平台就有一个重要规则：如果一个商品投了广告，只要广告表现不错，那么就会提升该商品的免费流量。比如，某桌子原来每天有 800UV 免费流量，在投放"猜你喜欢"推广期间，每日有 200UV 付费流量，但最终该商品所获得的流量涨到了 1400UV。

通过以上 3 种错误观念，不难看出商家在具备成熟的运营能力后，应该尝试付费推广，让商品出现在更多精准消费者眼前，提高商品的流量和转化率。

6.1.2 淘宝、天猫平台常见的付费推广

淘宝、天猫平台常见的推广工具主要包括直通车、引力魔方、极速推、万相台等，如图 6-2 所示。

图 6-2 淘宝、天猫平台常见的推广工具

1. 直通车

直通车是按照点击付费的竞价排名推广工具，在消费者搜索指定关键词的搜索结果页中展现推广商品，实现商品的精准推广。例如，某商家为店内某款行李箱投放直通车推广计划后，当消费者搜索"行李箱""箱子"等关键词时，该款商品将展现在搜索结果页中的直通车专属广告位中，当消费者点击商品主图后，商家需要支付一定的推广费用。

2. 引力魔方

引力魔方覆盖了淘宝首页"猜你喜欢"、淘宝焦点图等各类优质精准的推广资源位。消费者从进入淘宝浏览、点击收藏、加购到订单成交，引力魔方流量资源场景均有覆盖。例如，某商家为某款行李箱投放引力魔方推广计划后，当系统识别到某些消费者近期有搜索、浏览"行李箱"的记录，便判断这些消费者可能需要购买推广的商品，引力魔方会将该款行李箱展现在消费者的"猜你喜欢"商品列表中。当消费者点击商品广告后，商家需要支付一定的推广费用。

3. 极速推

极速推是一种快速获得曝光的自动推广工具，在手机淘宝"猜你喜欢""购物车"等推荐场景中展示，商家通过创建需要的曝光量即可自动开启推广展示。例如，某商家是一家经营箱包的店铺，希望在某款包包上新之前进行新品测试，商家在后台开启极速推让该款包包快速在消费者面前曝光，商家为此支付广告费，按曝光量计费。

4. 万相台

万相台是一站式智能投放推广工具，淘系站内外跨渠道生意加速神器。通过搜索、展示、互动、视频等全渠道资源，在丰富的场景中助力商家营销增长。万相台为商家提供基于店铺拉新、货品打爆、新品上新等场景的定制方案，智能提效，一键投放。例如，快消行业，"拉新快""会员快""新品快"是商家使用最频繁的场景。万相台针对不同流量需求的场景有细分的AI人群包，能够精准找到商家所需群体并进行高效地触达，给店铺带来大量的新增会员。

除以上介绍的几种付费推广外，还有一些其他推广工具，如淘宝联盟（淘宝客）。商家可在"千牛卖家中心"页面的"推广中心"查看更多推广工具。

6.1.3 拼多多平台常见的付费推广

与淘宝的直通车、超级推荐等诸多推广工具不同，拼多多的推广中心就涵盖了多种类型的推广工具，如以关键词推广为主的多多搜索、以千人千面推广为主的多多场景等。总体而言，拼多多平台常见的推广工具主要包括多多搜索、多多场景、直播推广及多多进宝等，如图6-3所示。

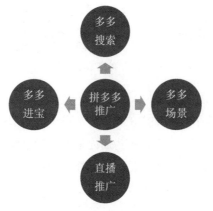

图6-3 拼多多平台常见的推广工具

电商平台的推广工具种类繁多，上面介绍的只是其中比较具有代表性的几类推广工具。商家可根据商品特点和推广需求，选择适合自己的推广工具，顺利展开推广工作，提高商品曝光率。

6.2 淘宝/天猫直通车

直通车作为淘宝、天猫平台应用较为广泛的一个付费推广工具，对于店铺提升销量起着重要的作用。商家要了解直通车的基础知识,以及更多关于直通车推广的技巧,并且能创建新的推广计划,从而在控制直通车推广费用的同时,提升直通车的推广效果。

6.2.1 直通车展位

直通车全称为淘宝直通车,其实就是花钱给商品买一个广告位,可以让更多的人看到,获取更多的展现量。一般通过直通车引进的流量称为付费流量。

直通车的作用并不局限于推广,它还具有测款、测词、测图等作用,因此除商品不依靠其他渠道便已拥有稳定的自然搜索流量,需要通过直通车来拉升人群标签外,在商品有测款、测图需求时也可以考虑开直通车。因为商品在前期想获取自然搜索流量,需要漫长的时间来做关键词权重,权重高,商品才能获得展现。通过直通车可以付费买展现机会,只要出价合理,新品也有机会获得好的排名。当推广的商品排名靠前时,便可以根据点击率来反馈商品的款式及主图是否符合市场需求。

直通车的展示位置分为电脑端和移动端。对于电脑端而言,搜索任意关键词,首页会有 1 + 16 + 5 = 22 个展位,其中在第 2 页以后直到第 24 页,一共会有 3 + 16 + 5 = 24 个展位。如图 6-4 所示的搜索结果页面中,凡是带有"掌柜热卖",或者标注有"广告"字样的商品,都是电脑端淘宝直通车展位。

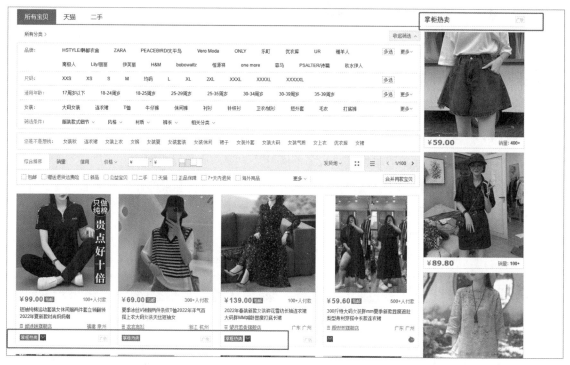

图 6-4 电脑端淘宝直通车展位

对于移动端而言,一般是以"1 + 5 + 1 + 5 + 1 + 10 + 1 + 10 + …"这个规律进行展示的,这里的"1"一般是指首条,然后按照顺序隔 5 个或 10 个位置,再有一个展示位置。那么,在平常的工作中我们怎么辨别哪个是直通车展示位置呢?在移动端,一般来说,只要是带有"广告"标志的,都是直通车展位。图 6-5 所示为移动端淘宝直通车展位。

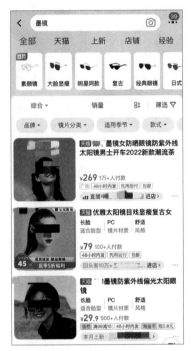

图 6-5　移动端淘宝直通车展位

6.2.2　直通车的扣费

直通车的扣费方式一般是"CPC",也称为"点击扣费"的方式,只有消费者看到了广告商品并点击了商品才会产生扣费。实际扣费规则如下。

$$下一名的出价 \times 下一名的质量分 \div 原始质量分 + 0.01$$

例如,有甲、乙、丙、丁四个店铺,对"水杯"关键词的出价和最终扣费详情如表 6-1 所示。根据公式可计算出:甲的实际扣费 = 乙的出价 × 乙的质量分 ÷ 甲的原始质量分 + 0.01 = 0.91×1022 ÷ 1160 + 0.01 ≈ 0.81(元)。

表 6-1　对"水杯"关键词的出价和最终扣费详情

店铺	关键词	出价/元	原始质量分	直通车质量分	综合排名	最终扣费/元
甲	水杯	0.89	1160	10	1	0.81
乙	水杯	0.91	1022	10	2	0.85
丙	水杯	0.99	870	8	3	0.90
丁	水杯	1.15	670	6	4	—

由公式可见,质量分将影响扣费金额,并且质量分越高,所需支付的费用就越低。质量分指的是质量得分,用于衡量推广关键词与商品推广信息和淘宝网用户搜索意向之间的相关性。换言之,

质量分就是衡量商品和用户搜索关键词符合程度的数字。

直通车质量分是 1 至 10 之间的整数，分值越高，获得的推广效果越理想。例如，某个推广计划的直通车质量分为 7 分，则说明出价竞争同一个关键词的商家较多，所以相关性也可能只在 70% 的位置，还有 30% 相关性更好的人出价。淘宝平台对于直通车质量分的具体计算方法是保密的，但根据推测，可能与类目相关度、竞争对手同时段的强弱表现都有关。

6.2.3 直通车的基础设置

在了解直通车展位、扣费方式后，接下来介绍一下直通车的基础设置，便于大家在实际应用中快速创建直通车推广计划。首先，直通车怎么进？打开网页进入淘宝网，点击"千牛专家中心"按钮，如图 6-6 所示。

图 6-6　点击"千牛卖家中心"按钮

进入"千牛卖家中心"页面后，点击"营销中心"中的"直通车"按钮，如图 6-7 所示。

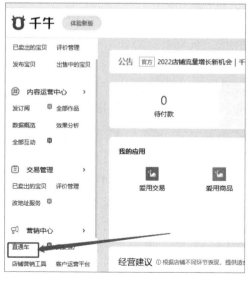

图 6-7　点击"直通车"按钮

系统自动跳转至直通车的首页，直通车首页一般是给商家查看直通车推广计划整体情况的页面，如图 6-8 所示。

图 6-8　直通车首页

如果想新建一个直通车推广计划，需要完成的基础设置主要包括新建计划设置、日限额设置、投放设置等。

（1）**新建计划设置**

选择计划时有智能计划和标准计划可选。那么，这两种计划有什么区别呢？智能计划是后台帮你去开直通车，标准计划是自己手动设置投放计划。

（2）**日限额设置**

直通车日限额分为有日限额和没有日限额。有日限额设置时最低可设置为 30 元，建议新手商家都设置成有日限额。

（3）**投放位置设置**

投放位置分为"手机淘宝搜索""淘宝网搜索""销量明星""站外优质媒体"等位置，可以点击框中的按钮设置投放与否，如图 6-9 所示。

（4）**投放地域设置**

在设置投放地域时，可以根据地区来选择，也可以根据省份来选择，还可以根据城市来选择，具体根据实际情况选择。勾选地域前面的复选框则说明投放，如图 6-10 所示。

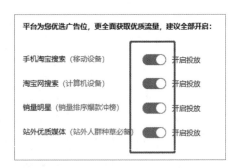

图 6-9　投放位置设置

图 6-10 投放地域设置

（5）投放时间设置

每一种商品面对的每一种消费者习惯都不太相同，所以对于投放时间的设置就很有必要了，选择需要调节的时间和相应的时间折扣即可。这里需要注意的是，自定义调节时最低的折扣为 30%。某直通车的投放时间设置如图 6-11 所示。

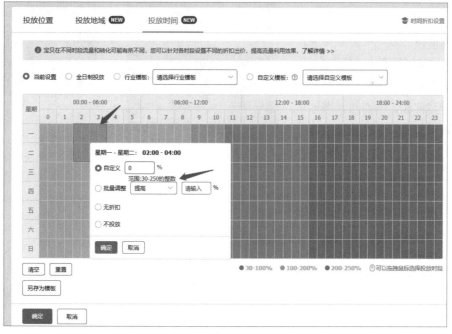

图 6-11 投放时间设置

通过设置以上内容，基本就可以完成一个直通车推广计划设置了。

6.3 引力魔方

引力魔方是原超级推荐推广工具的升级版本，它融合了"猜你喜欢"和焦点图等优质流量推广商品，原生的信息流模式是唤醒消费者需求的重要入口，全面覆盖了消费者购买前、购买中、购买后的消费全链路。

6.3.1 引力魔方简介

引力魔方是在手机淘宝"猜你喜欢"等推荐场景中穿插原生形式信息的推广工具，其核心是用内容创造消费需求，用商品挖掘潜在人群。总体而言，各个平台的付费推广方式虽多种多样，但主要分为两大类，即人找货和货找人，如图6-12所示。

那么，人找货和引力魔方这种货找人的推广方式到底有何区别呢？最大的区别就是二者的推广方式不同。

直通车主要用于淘宝搜索推广，当消费者搜索某个关键词、某个商品时，直通车就把与该关键词相关的商品广告推送到消费者的眼前。换言之，直通车只有在消费者搜索商品时才会出现，这是一种比较精准的广告投放形式。而引力魔方的本质是信息流广告推广工具。信息流广告是指系统根据算法猜测消费者近期可能需要买什么商品，然后向消费者主动推送商品。例如，某消费者曾在淘宝、天猫上看过一些与孕妇枕相关的商品，当该消费者再打开淘宝时，系统就会给她推送更多有关孕妇枕的商品，如图6-13所示。

图 6-12　付费推广方式　　　图 6-13　系统推送的与孕妇枕相关的商品

诸如引力魔方这种信息流广告，目前遍布在当下热门的抖音、今日头条、微信朋友圈广告中。

6.3.2 引力魔方展位

引力魔方的核心展示资源位主要包括"无线首焦""首页猜你喜欢""购中猜你喜欢""购后猜你喜欢微详情"等。图6-14所示为无线首焦引力魔方展位，图6-15所示为购中猜你喜欢引力魔方展位。

图6-14 无线首焦引力魔方展位　　图6-15 购中猜你喜欢引力魔方展位

相比直通车，引力魔方是后起之秀，又得到了平台的流量扶持，因此推广费用比直通车略低。同时，引力魔方是官方重点推广的商品，会有一定的流量扶持，流量成本比直通车低，故感兴趣的商家可以尝试这种推广方式。

6.3.3 引力魔方的基础设置

与进入直通车页面相似，通过"千牛卖家中心"的"营销中心"可以进入引力魔方。如图6-16所示，进入"千牛卖家中心"页面后，点击"营销中心"中的"我要推广"按钮，在跳转的页面中，点击进入"引力魔方"即可。

在新建引力魔方推广计划时，重点完成计划名称设置、计划主体设置、出价设置及预算设置。

（1）**计划名称设置**

在日常运营中新建一个计划时，一定要写好计划名称，便于后期监测计划。在设置计划名称时，应注意以下3点。

- 名称能看出建立时间。
- 名称能看出推广的是什么商品。
- 名称能看出计划类型。

（2）**计划主体设置**

主体选择一般分为全店商品优选和自定义商品，它们的差别在于全店商品优选是根据选品偏好，算法自动地优选店铺宝

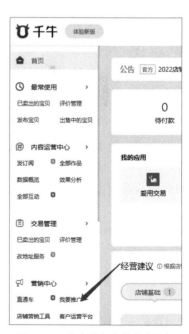

图6-16 点击"我要推广"按钮

贝进行推广；自定义商品则是完全根据自己选择的宝贝进行推广。

（3）**出价设置**

对目标进行出价时，一般建议按照市场出价先出价，然后根据实际效果进行增加或减少。

（4）**预算设置**

对引力魔方预算进行出价时有一个每日出价，需按照实际的提示进行操作，一般预算要在大于等于 50 元，小于 2000 万元的范围内进行设置，建议新手商家先从日限额 50 元开始慢慢增加。

6.4 极速推

极速推是阿里巴巴在继直通车、引力魔方等推广工具后推出的一个专为商品快速增加曝光率的推广工具。商家应该了解极速推的基础知识，熟悉极速推的计划创建，并掌握这种操作简单的推广方式。

6.4.1 极速推简介

与超级推荐、钻石展位等推广方式不同，极速推工具可以在 24 小时内帮助商家将新品曝光给潜在消费者，并根据消费者的反馈信息，判断该商品是否有成为爆款的可能。极速推推广的商品会根据系统的算法入池到"猜你喜欢"，帮助商家快速找到目标消费者。

根据官方资料显示，极速推功能还在不断完善中，目前主要适用于新品、爆款商品、有推广需求的商品、参加活动的商品及直播前等应用场景，如图 6-17 所示。

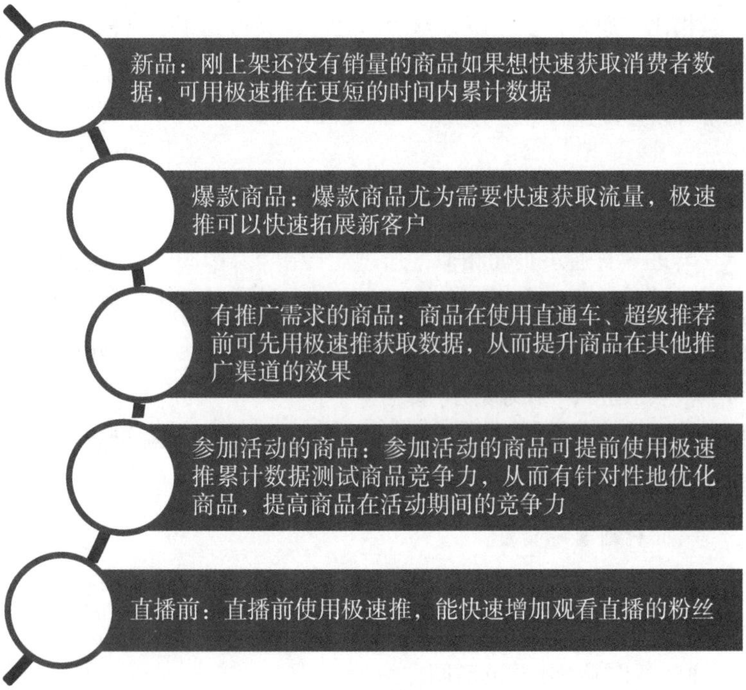

从图 6-17 中可见，极速推的应用场景十分广泛，通过极速推工具可以为店铺带来大量的曝光机会。

新品：刚上架还没有销量的商品如果想快速获取消费者数据，可用极速推在更短的时间内累计数据

爆款商品：爆款商品尤为需要快速获取流量，极速推可以快速拓展新客户

有推广需求的商品：商品在使用直通车、超级推荐前可先用极速推获取数据，从而提升商品在其他推广渠道的效果

参加活动的商品：参加活动的商品可提前使用极速推累计数据测试商品竞争力，从而有针对性地优化商品，提高商品在活动期间的竞争力

直播前：直播前使用极速推，能快速增加观看直播的粉丝

图 6-17 极速推的应用场景

6.4.2 极速推的基础设置

极速推作为一个较新的推广工具，必然有自己的特色，其中最大的一个特色就是操作简单。创

建一个全新的极速推推广计划的步骤如下。

▷ **步骤1** 通过"千牛卖家中心"→"推广"→"推广中心"找到极速推工具,并点击"立即投放"按钮,如图6-18所示。

图6-18 点击"立即投放"按钮

▷ **步骤2** 进入商品页面,点击要参与推广的商品右侧的"极速推广"按钮,如图6-19所示。

图6-19 点击"极速推广"按钮

▷ **步骤3** 进入推广页面,选择推广的版本(这里以选择"极速版"为例),选择消费者曝光次数(这里以"5000+"为例),点击"立即支付"按钮,如图6-20所示。

根据以上步骤,即可进入支付页面,在支付相应费用后,极速推推广计划即可展开推广。

目前,极速推推广计划分为极速版和定向版。极速版基

图6-20 点击"立即支付"按钮

本上不能动,就是花钱买展现。定向版则可以针对不同人群进行投放,系统智能推荐可以理解为智能定向,至于精细化流量则主要在自定义人群及购物兴趣人群。例如,通过自定义人群,可以根据店铺现阶段的访客标签进行选择,包括人群的性别、年龄、购买力等。初次使用极速推的商家,可

先设置为极速版，在得到一些数据反馈后，再用定向版去自定义人群。极速推的操作简单，可更改的内容不多，无须专业人员苦心研究出价、竞价等内容，是一个能迅速上手的推广工具。

6.5 万相台

万相台从商家营销诉求出发，围绕消费者、货品、活动场，整合阿里妈妈搜索、推荐等资源位，算法智能，跨渠道分配预算，实现人群在不同渠道的流转承接，从提高广告效果与降低成本两个方面回归用户最本质的投放需求。

6.5.1 万相台简介

万相台的营销场景主要包括消费者运营、货品运营、活动场景和内容营销四大部分，如图6-21所示。

- 消费者运营：提高细分人群渗透及ARPU（每用户平均收入）值的增长，不断加深用户与品牌的关系。
- 货品运营：围绕商品生命各周期的营销解决方案，提升商品竞争力。
- 活动场景：活动全周期优化，提升全店流量。
- 内容营销：通过内容营销满足用户的兴趣内容消费需求，实现从"种草"到"拔草"的内容价值。

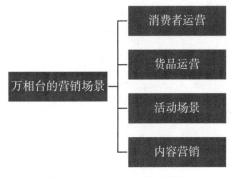

图 6-21　万相台的营销场景

表6-2所示为四大营销场景的核心场景及简介。

表6-2　四大营销场景的核心场景及简介

营销场景	核心场景	场景简介
消费者运营	拉新快	快速提升店铺新客规模
	获客易	提升店铺高价值会员量
货品运营	测款快	快速全网测评潜力爆款
	上新快	新品专属成长方案，快速起量
	货品加速	加快商品成长速度，打爆商品
活动场景	活动加速	加速流量获取，快速卡位
内容营销	超级短视频	含视频加速数据
	超级直播	含直播加速数据

6.5.2 万相台的基础设置

商家可在"千牛卖家中心"→"推广"中找到万相台工具,还可以通过"千牛卖家中心"→"推广"→"推广中心"进入万相台。创建一个万相台推广计划的步骤如下。

▷步骤1 通过"千牛卖家中心"→"推广"→"推广中心"找到万相台工具,并点击"立即投放"按钮,如图 6-22 所示。

图 6-22　点击"立即投放"按钮

▷步骤2 进入万相台推广页面,选择营销场景,如图 6-23 所示。

图 6-23　选择营销场景

▷步骤3 以创建"消费者运营"中的"拉新快"计划为例,如图 6-24 所示。按照流程创建计划,包括人群设置、投放主体和落地页、预算和排期、创意设置、预览资源位等。其中,"人群设置"的"细化人群"主要包括访问新客、兴趣新客和首购新客。此处商家也可以选择屏蔽人群,过滤掉非目标人群。

图 6-24 创建"拉新快"计划

◎ 步骤4 在"投放主体和落地页"中设置投放主体类型、落地页(主要是商品详情页)等,如图 6-25 所示。

图 6-25 设置"投放主体和落地页"

◎ 步骤5 在"预算和排期"中设置推广方式、优化目标、投放日期等,如图 6-26 所示。

图 6-26 设置"预算和排期"

在设置推广方式时,可选择持续推广和套餐包。选择持续推广,系统将基于广告投放实时扣费,投放开始后,可以基于投放效果调整部分计划配置,也可以实时暂停、重启、结束投放计划;选择套餐包,系统将一次性预扣套餐包金额,投放开始后,将基于设置的投放目标及投放表现持续调优策略。

▷ **步骤6** 在"创意设置"中为商品在各个资源位选择打底创意,包括智能创意优选、仅投放宝贝主图创意和不设置打底创意,如图6-27所示。

图 6-27 设置"创意设置"

▷ **步骤7** 通过"预览资源位",选择想要投放的资源位,如图6-28所示,完成创建。

图 6-28 预览资源位

商家可以根据自己的营销诉求,创建其他营销场景的推广计划,根据数据效果作出优化调整。

6.6 淘宝客

淘宝客（淘宝联盟）也是付费推广工具中的一个，但与直通车、超级推荐等推广方式不同的是，淘宝客是雇人推广店内商品，按成交量支付预设的佣金给推广人员。使用淘宝客推广商品的优点在于推广成本更可控。商家应该了解淘宝客的付费模式与展示位置，并能根据推广需求配置合适的推广计划，充分利用淘宝客来推广店内商品。

6.6.1 淘宝客简介

早在 2008 年，阿里巴巴就发布了淘宝客这一推广工具。"淘宝客"既指淘宝平台上雇人推广的这种方式，同时也指为商家推广商品并按成交业绩提成的推广人员。与其他付费推广方式不同的是，淘宝客按成交付费，于商家而言是一种较为保险的推广方式，因为没有订单则无须付费。商家应该熟悉淘宝客的基础知识，如淘宝客的推广方式及需要开通这一推广工具的原因等。

现在仍然有非常多的人从事淘宝客这份职业，顶尖的淘宝客年收入高达上千万元。那么，淘宝客们是如何进行推广的呢？淘宝客主要通过社交平台、返利网、资讯平台和淘宝店等平台进行推广，如图 6-29 所示。

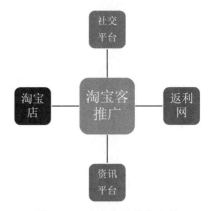

图 6-29　淘宝客的推广途径

- 社交平台：包括微信、微博、QQ 等社交平台。例如，微信中常见一些低价抢购商品的微信群、朋友圈等，淘宝客把需要推广的商品信息发布在群里，供群友们选择。部分管理有方的淘宝客手中有成百上千个这样的群，积累了一批批爱购物的客户，推广效益很可观。
- 返利网：网上有很多返利模式的网站，消费者通过这些网站跳转至淘宝网店购买商品，可以领取抵用券或直接在购买后获得相应佣金。部分返利网站的运营者其实就是淘宝客，他们在拿到佣金后，再给客户返还一定比例的金额，客户得了实惠，也会变成返利网站的忠实客户。虽然运营者把自己的佣金分了一部分给客户，但在客户数量越积越多的情况下，总佣金盈利较为可观。
- 资讯平台：今日头条的特卖频道，就是由淘宝客们组成的频道。淘宝客发布文章推广商品，资讯平台的读者在看完信息之后，有不少人也会来这些频道看看商品推荐，有感兴趣的就会购买，淘宝客也可以获得佣金。
- 淘宝店：部分淘宝客自己开设有淘宝店，他们会到淘宝客的市场中选择高佣金的商家合作，直接拿商家的商品信息制作成详情页，放到自己的淘宝店里售卖。如果有客户购买，淘宝客会直接到商家下单，并填写客户的收货地址，以这种方式来赚取佣金。

6.6.2 淘宝客的基础设置

目前，淘宝客推广计划包括通用计划、定向计划、如意投计划和活动计划4种类型。商家应根据需求投放适合的计划。

- 通用计划：这是默认开启的计划，主要由淘宝客单独获取某个商品或店铺的推广链接并分享到淘宝网以外的地方进行推广。如要推广全店商品，只能设置类目佣金比率。
- 定向计划：由商家在后台自行创建，支持自定义部分功能，目前只能设置不公开且手动审核的定向计划。如要推广全店商品，未设置主推商品的按类目佣金结算。
- 如意投计划：由商家自行激活。阿里妈妈系统根据商品佣金比率和商品综合质量情况，智能推送到爱淘宝搜索结果页面、网站橱窗里。
- 活动计划：商家报名淘宝客发起的互动招商活动后，系统自动生成计划。

大多数商家习惯性使用通用计划，商家可根据实际情况投放具体计划。这里以创建定向计划为例进行讲解。定向计划是商家为淘宝客中某一个细分群体设置的推广计划，可以让淘宝客在阿里妈妈前台看到推广并吸引淘宝客参加。

定向计划不可删除，但可以修改，佣金比率最高可以设置为90%。佣金不宜经常改动，改动后有邮件通知。定向计划也可以设定门槛，比如设定为信誉超过1皇冠的淘宝客可自动通过审核，低于此信誉的需要商家手动审核，这样就能够保证淘宝客的质量了。

另外，在投放定向计划后，可以把计划信息分享到淘宝客群，吸引更多资深淘宝客加入定向计划进行推广，提高商品的曝光度。

商家可进入"千牛卖家中心"页面，设置淘宝客推广计划，具体操作步骤如下。

▶ **步骤1** 通过"千牛卖家中心"→"推广"→"推广中心"→"淘宝联盟"进入淘宝联盟首页，如图6-30所示。

图6-30 进入淘宝联盟首页

◎**步骤2** 选择"营销推广"中的"定向计划",点击"设置计划"按钮进入"推广计划"页面。在该页面中点击"新建定向计划"按钮,即可开始创建定向计划,如图6-31所示。

图6-31 点击"新建定向计划"按钮

◎**步骤3** 在跳转到新的页面后,根据提示完善计划信息,如计划名称、推广日期、佣金等,如图6-32所示。

图6-32 根据提示完善计划信息

在填写计划时,应注意以下几点。

- 计划名称:建议填写加入条件、佣金来吸引淘宝客。例如,写明初级淘宝客10%佣金,中级淘宝客20%佣金,高级淘宝客30%佣金。
- 是否公开:即其他淘宝客是否可以看到此计划。
- 审核方式:对于不符合申请条件的用户,需要商家手动审核。
- 开始时间和结束时间:根据商家目标来设置,是设置长期计划还是短期计划。

定向计划的审核方式与通用计划无门槛加入不同,不是所有淘宝客都可以参与,所以灵活性更强。商家可以把计划的佣金设置得高一点,只有通过审核才能推广,这样可以吸引更多资深淘宝客参加。

项目 六
网店推广工具

课堂实训

任务　创建引力魔方推广计划

📋 任务说明

小李是A电子商务有限公司的一名运营人员，因公司商品有推广需求，需要创建一个新的引力魔方推广计划。本次任务，我们将协助小李创建一个新的引力魔方推广计划。

📋 任务目标

学生能够独立创建引力魔方推广计划。

📋 任务实施

▶ **步骤1**　通过"千牛卖家中心"→"推广"→"推广中心"找到引力魔方工具，并点击"立即开启"按钮，如图6-33所示。

图6-33　点击"立即开启"按钮

▶ **步骤2**　进入阿里妈妈引力魔方首页，可看到账户整体效果概览、账户余额、投放中计划等数据。想创建引力魔方推广计划的商家，可点击页面中的"新建计划"按钮，如图6-34所示。

图6-34　点击"新建计划"按钮

167

◎**步骤3** 根据自己的需要新建推广计划，在"计划"页面下方可以看到关于创建计划的选项，如图6-35所示，这里点击"新建推广计划"按钮。一个计划组包括多个计划，一个计划N个商品，一个定向多个资源位，一般情况下一个计划一个商品。

◎**步骤4** 根据自己的需求选择计划组类型，包括"自定义计划"和"投放管家"两种类型，然后编辑计划组名称，如图6-36所示。

图6-35 创建计划的选项

图6-36 选择计划组类型

◎**步骤5** 这里选择"自定义计划"选项，然后填写自定义计划的基本信息，如图6-37所示。

图6-37 填写自定义计划的基本信息

◎**步骤6** 在投放主体中,选择"商品推广"为主体类型,点击"选择宝贝"按钮,如图6-38所示。而选择"店铺"时,将以店铺首页为投放主体;选择"自定义url"时,将以自定义URL为投放主体。

图6-38 点击"选择宝贝"按钮

◎**步骤7** 进入"选择宝贝"页面,选中需要推广的商品,并点击"添加"按钮,如图6-39所示。

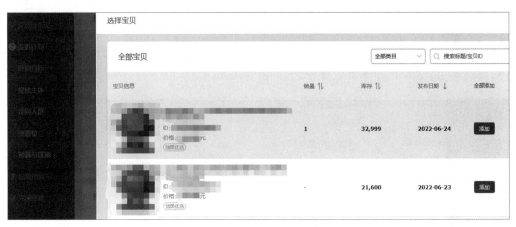

图6-39 添加需要推广的商品

◎**步骤8** 跳转至"定向人群"页面,选择定向人群。定向方式包括"智能定向"和"自定义",如图6-40所示。

图6-40 选择定向方式

◯ **步骤9** 商家可根据自己的需求自定义其他人群,如图6-41所示。

图6-41 自定义其他人群

◯ **步骤10** 关于资源位,商家可以在计划列表页中进行添加或删除资源位操作,在"预算与排期"中可以设置"目标出价""预算设置"等,如图6-42所示。

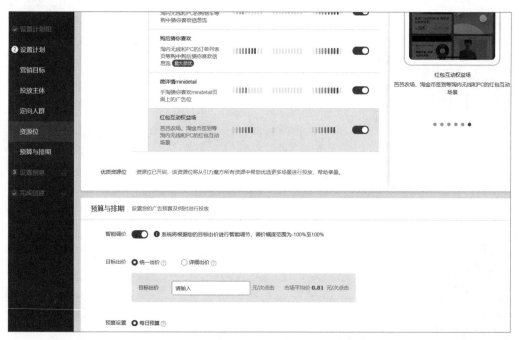

图6-42 添加或删除资源位后,设置出价和预算

◯ **步骤11** 点击页面下方的"展开高级设置",可对投放地域进行设置,如图6-43所示。

图 6-43　设置投放地域

▷**步骤 12**　对创意进行设置，如图 6-44 所示。

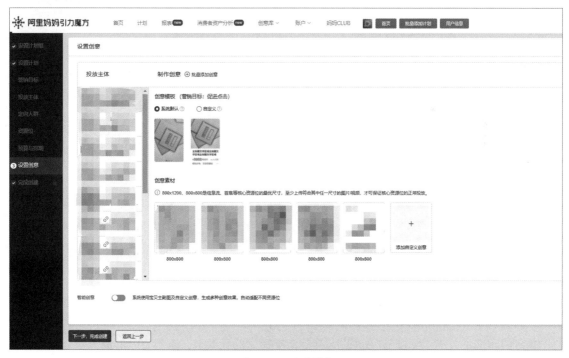

图 6-44　设置创意

根据以上步骤，即可创建一个全新的引力魔方自定义计划。

项目评价

【项目评价表 1——技能点评价】

序号	技能点	达标要求	学生自评		教师评价	
			达标	未达标	达标	未达标
1	完成老师给的表格内容	（1）能够完成从商家后台进入直通车的步骤 （2）能够独立完成直通车的基础设置并写出思路				
2	完成老师给的表格内容	（1）能够完成从商家后台进入引力魔方的步骤 （2）能够独立完成引力魔方的基础设置并写出思路				
3	完成老师给的表格内容	（1）能够完成从商家后台进入淘宝客的步骤 （2）能够独立完成淘宝客的基础设置并写出思路				

【项目评价表 2——素质点评价】

序号	素质点	达标要求	学生自评		教师评价	
			达标	未达标	达标	未达标
1	敏锐的洞察力	（1）具备敏锐的洞察力 （2）善于搜集有用的资讯和好的思路想法				
2	良好的分析能力和归纳总结能力	（1）具备较强的分析总结能力 （2）逻辑思维能力强，善于分析相关资料并归纳总结				
3	独立思考能力和创新能力	（1）遇到问题善于思考 （2）具有解决问题和创造新事物的意识 （3）善于提出新观点、新方法				

思政园地

高速增长的淘宝"特色卖家"

每年的淘宝、天猫"双 11""双 12"，都是淘宝商家的狂欢节，有数百万的商家参与其中。据淘宝官方数据显示，在淘宝平台上，近年来有一大批特色卖家正在快速成长，释放出淘宝的新活力。尤其是在"双 11""双 12"等平台大促期间，他们的表现更是十分抢眼。据淘宝官方人员表示，每个行业都不同,只要能够代表、体现差异化的店铺,都算淘宝特色卖家。

以淘宝食品保健行业为例,目前淘宝食品保健行业定义的特色卖家共分为以下4类。

- 红人型卖家:在站外有一定粉丝基础的,偏KOL(关键意见领袖)型的卖家。
- 匠人型卖家:一些地域型的手艺传承者,在特定圈层里有不错口碑的卖家。
- 农人型卖家:以生鲜、粮油这些民生赛道为主,在田间地头,通过直播、短视频等售卖商品的卖家。
- 专家型卖家:是单一领域知名的专业人士,有清晰的人设,细分领域的消费者非常认可,能从消费者的细分需求出发、布局商品的卖家。

这些特色卖家大部分都是近两年涌现出来的,他们不是行业头部,有的甚至是刚刚开店,店铺层级较低的中小商家和个人商家。从整体规模来看,淘宝食品保健行业大概定义了数千个特色卖家,整体GMV(商品交易总额)规模接近100亿元,但增速非常快,在整个行业的占比也越来越大。如果放大到整个淘宝行业来看,会有十几万这样的商家。

与大品牌商家不同,淘宝平台的背后是千千万万个真实做生意的人,他们提供了丰富多样的货品,也充满创造力,正是基于此,淘宝平台上才会有源源不断的特色商家涌现出来。

请针对上面的案例思考以下问题。

作为一名淘宝特色卖家,应该如何选择合适的店铺推广工具,进一步扩大店铺的影响力,全面提升店铺的销售额?

_____

_____

_____

 课后习题

一、单选题

1. 下列属于成交付费推广方式的是( )。
   A. 直通车 B. 淘宝客 C. 引力魔方 D. 万相台

2. 下列不属于淘宝、天猫平台推广方式的是( )。
   A. 直通车 B. 淘宝客 C. 多多场景 D. 万相台

二、多选题

1. 下列属于拼多多平台推广方式的是( )。

A. 直通车　　　　B. 多多场景　　　　C. 多多搜索　　　　D. 多多进宝

2. 下列属于淘宝、天猫平台推广方式的是（　　）。

A. 多多搜索　　　　B. 万相台　　　　C. 引力魔方　　　　D. 多多进宝

三、判断题

1. 直通车是按照点击扣费的。（　　）
2. 引力魔方都是按照点击展示付费的。（　　）
3. 淘宝客推广既可以选择按点击扣费，也可以选择按成交扣费。（　　）
4. 直通车日限额设定没有限制。（　　）

四、简答题

1. 举例说明直通车的展位有哪些。

2. 万相台的营销场景有哪些？

项目七

电商数据与数据分析

项目导入

电商商家在经营店铺的过程中,判断运营效果最直接的方法就是进行数据分析。因为电商运营是否处于正常状态,只看盈利是不够的,有的店铺平时盈利尚可,但问题一旦集中爆发,就会让生意一落千丈。因此,想做好电商经营,必须学会数据分析,以此来监控运营状态是否健康。这里将从数据运营的逻辑思路出发,帮助大家了解电商数据分析的作用、指标、方法和常用工具等,在了解这些基本的知识后才能继续深入实操。

学习目标

知识目标

1. 学生能够说出什么是电商数据及其特征。
2. 学生能够说出电商数据分析对店铺的作用。
3. 学生能够举例说明电商数据分析的指标与方法。
4. 学生能够列举常用的数据分析工具。
5. 学生能够认识到流量的重要性。
6. 学生能够认识到转化率的重要性。
7. 学生能够认识到销售额的重要性。

能力目标

1. 学生能够根据提供的场景布置采购趋势图并分析图中数据。
2. 学生能够根据提供的场景布置近半年移动端的相关数据,并运用计算公式计算出销售额。
3. 学生能够通过观察案例截图填写数据采集表。

素质目标

1. 学生具备敏锐的洞察力。
2. 学生具备良好的分析能力和归纳总结能力。
3. 学生具备独立思考能力和创新能力。

课前导学

7.1 认识电商数据

电商行业作为互联网崛起后的热门行业之一，涵盖了海量的数据，商家可将运营过程中的数据收集起来进行分析。电商数据就是在电商运营过程中用于查看、分析和管理的各种数据的总称。

7.1.1 电商数据的特征

电商数据的特征主要包括时效性、容量性及种类性，如图7-1所示。

1. 时效性

电商数据具有时效性，因为客户的喜好和购物习惯及电商平台的各种规则等都在不断发生变化，只有在分析时做到与时俱进，才能真正得出正确的结论，为店铺运营提供正确的思路和策略。

2. 容量性

容量性是指电商数据量的大小。分析数据时必须在考虑电商数据容量性的基础上，尽量采集基数大的数据，这样才能让分析的结果更为准确。

图 7-1　电商数据的特征

3. 种类性

电商数据具有明显的种类性，如流量、转化、物流和售后等种类。通过不同的数据种类可以实现更多维度的数据分析。

7.1.2 电商数据分析对店铺的作用

随着数据时代的到来，各行各业的经营发展开始注重数据分析思维。通过数据分析，商家可以了解产品的好坏、客户的喜爱程度，从而用数据去解决产品存在的问题。

数据分析更多的是基于业务背景来解读数据，把隐藏在数据背后的问题总结出来，发现其中最有价值的东西，再加以优化，提高项目的成功率。

随着电商行业竞争的加剧，精细化运营势在必行。不少商家逐渐从过去靠感觉、凭经验运营，转向由数据驱动运营决策，通过数据来指导自己开展运营工作。在大数据时代下，数据分析对于运营来说具有十分重要的意义，如图 7-2 所示。

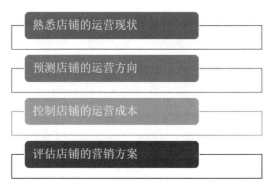

图 7-2　电商数据分析对店铺的作用

1. 熟悉店铺的运营现状

电商日常工作十分繁杂，包括商品上新、投放广告、策划活动、维护客户等。商家需要通过数据分析及时掌握店铺现阶段的运营状态，了解店铺的营销趋势、盈亏状况和活动效果。对于电商数据的分析，应重点关注店铺流量、转化率、成交金额等。例如，在生意参谋中查看店铺的关键数据，根据运营数据分析店铺的整体运营情况，判断该店铺上架的商品是否受欢迎、是否能够有效实现店铺的营销目标。

2. 预测店铺的运营方向

在熟悉了店铺的运营现状，并对其进行深入分析以后，商家就可以进一步对店铺未来的运营状况进行预测，提前对店铺进行全方位的运营规划了。

商家可通过生意参谋、百度指数等相关的数据平台查询网民大数据，以帮助自己预测店铺的运营方向，并判断店铺是否要与网络热度相结合。

例如，通过百度指数查询"对联"这一关键词的搜索趋势，以判断对联行业当前的社会热度，从而做好店铺新媒体运营的相关规划，如图 7-3 所示。

图 7-3　百度指数的"对联"关键词结果页面

3. 控制店铺的运营成本

商家既要关注店铺销售额的增长及品牌价值的提升,也要控制店铺的运营成本,提升投产比。

在大数据时代下,讲求的是"精准营销",如果店铺的广告投放没有精准的方向,不能获取到精准的客户,那么广告费用就很有可能打水漂。因此,商家需要分析客户的城市分布、消费习惯等数据,每次广告投放前要结合近期的投放情况进行调整和优化,以控制店铺的运营成本。

4. 评估店铺的营销方案

最终需要通过客观、真实的数据来评估营销方案的可行性和有效性。另外,通过数据分析还可及时发现营销方案在实际执行过程中遇到的问题,为下一次营销方案的制定提供参考依据。

同时,通过数据分析还能及时发现店铺运营中的一些服务问题,如客服优化、客户评价及物流问题等。商家如果不运用数据进行分析,很难凭空发现问题、解决问题。由此可见,电商数据分析是一项不可或缺的工作。

7.2 电商数据分析的指标、方法和常用工具

商家只有了解电商数据分析的指标、方法和常用工具,才能更好地完成电商数据分析工作,及时发现运营过程中出现的问题并找到解决方法。

7.2.1 数据分析的指标

在分析电商数据时离不开各种指标,不同类别指标对应电商运营的不同环节,通过对不同类别指标的分析,深入地了解店铺各方面的情况。因此,熟悉电商数据分析涉及的各种指标的含义和作用是非常有必要的。下面以淘宝店为例,介绍几种常见的电商数据分析指标。

1. 流量类指标

流量类指标指反映店铺流量的数据,如常见的浏览量、访客数等,如表 7-1 所示。电商管理者通过这类指标可以掌握店铺的流量情况。

表 7-1 常见的流量类指标

名称	含义	计算公式
浏览量	店铺或商品详情页被用户访问的次数,一位用户在统计时间内访问多次计为多次,刷新也算一次	—
访客数	店铺或商品详情页被访问的去重人数,一位用户在统计时间内访问多次只计为一次	—
新访客数	客户端首次访问网页的用户数,而不是最新访问网页的用户数	—
回访客数	再次访问网页的用户数	—

续表

名称	含义	计算公式
跳失率	又称为跳出率，指只浏览了一个页面就离开的访客数除以该页面的总访客数，该值越小，表示流量质量越好	(总跳失人数÷总访客数)×100%
人均浏览量	每位用户访问店铺或商品详情页的平均浏览量	总浏览量÷总访客数
平均停留时长	每位用户在店铺停留的平均时长（单位为秒）	访客停留总时长÷总访客数

2. 商品类指标

商品类指标反映了店铺商品的销售、收藏、收购和下单等方面的情况。常见的商品类指标包括下单件数、支付件数等，如表7-2所示。

表7-2 常见的商品类指标

名称	含义	计算公式
下单件数	统计时间内，商品被买家拍下的累计件数	—
支付件数	统计时间内，买家完成支付的商品数量	—
商品动销率	统计时间内，店铺整体商品售出率	支付商品数÷店铺在线商品数
收藏人数	进入店铺的所有访客中，后续有商品收藏行为的人数	—
加购人数	进入店铺的所有访客中，后续有将商品加入购物车行为的人数	—

3. 转化类指标

转化类指标又称为交易类指标，反映了店铺的成交转化情况。常见的转化类指标包括下单金额、下单买家数、支付金额等，如表7-3所示。

表7-3 常见的转化类指标

名称	含义	计算公式
下单金额	统计时间内，商品被买家拍下的累计金额	—
下单买家数	统计时间内，拍下商品的去重买家人数，即同一位访客拍下多笔，只计为一人	—
支付金额	统计时间内，买家拍下商品后支付的金额，包含事后退款的金额	—
支付买家数	统计时间内，完成支付的去重买家人数，对于交定金的订单，在付清全款时才计数	—
客单价	统计时间内，平均每个买家的支付金额	支付金额÷支付买家数

续表

名称	含义	计算公式
下单转化率	统计时间内，访客转化为下单买家的比例	(下单买家数÷总访客数)×100%
支付转化率	统计时间内，访客转化为支付买家的比例	(支付买家数÷总访客数)×100%
访问价值（UV价值）	统计时间内，每一位访客的平均支付金额	总支付金额÷总访客数

4. 其他指标

除上述几类指标外，电商数据分析还经常会涉及服务、评价、物流等方面的指标。常见的其他指标如表7-4所示。

表7-4 常见的其他指标

名称	含义
成功退款金额	统计时间内，买家成功退款的总金额
评论数	统计时间内，生效的买家评论数
正面评论数	统计时间内，生效的评价中包含正面信息的评论数
负面评论数	统计时间内，生效的评价中包含负面信息的评论数
有图评论数	统计时间内，生效的评价中包含图片的评价数
揽件包裹数	统计时间内，物流公司所有揽件的包裹数，仅包含订单状态正常的包裹
发货包裹数	统计时间内，商家确认发货的物流包裹数

7.2.2 数据分析的方法

随着互联网技术的飞速发展和移动设备的不断普及，现在越来越多的电商店铺和运营都开始关注数据的应用。在数据大爆炸的时代，数据分析也已经成为电商店铺制定策略、发现问题的重要方法。很多电商数据分析师在分析电商数据时遇到的很多问题都是因为没有正确掌握电商数据分析的方法。常见的数据分析方法包括直接观察法、A/B测试法等，如图7-4所示，通过这些方法可以提高数据分析的专业性和高效性。

图7-4 常见的数据分析方法

1. 直接观察法

直接观察法是指利用各种电商数据分析工具的分析功能，直接观察数据的分析趋势，找到异常点并分析其原因等。借助各种数据分析工具，可以有效节省人力、物力，提高数据分析的效率。

例如，通过查看数字或趋势图表，能迅速了解电商市场走势、访客数据、业绩完成情况及服评价，从而获取数据信息，为后期的决策提供依据。例如，某淘宝店铺生意参谋的流量总览页面如图 7-5 所示，通过该页面可直接从图中观察到店铺的访客及转化情况，进而有针对性地制定相应的营销策略。

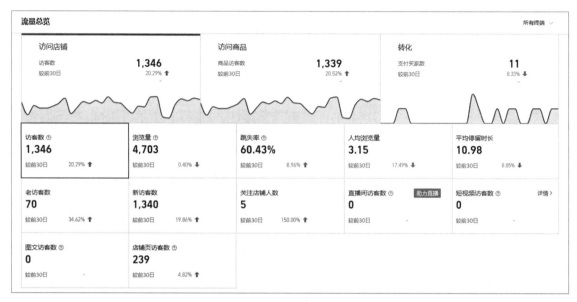

图 7-5　某淘宝店铺生意参谋的流量总览页面

2. A/B 测试法

A/B 测试法是指用不同的方案去策划某一项任务，并将多个方案进行并列测试，然后通过效果对比分析选择出最优的方案。

在电商数据分析中，A/B 测试法的原理就是通过两种主图的数据进行对比分析。如果认为图片的拍摄效果不好，访客数也极少，那么可以测试另一种拍摄效果更好的图片；如果认为此图片文案的内容点击率极差，可以测试另一种文案内容更好的图片。这样利用 A/B 测试法不断地进行分析和测试，以此循环找出其中最好的方案。A/B 测试法的优点在于可控，是建立在原有方案的基础之上的，即使新方案效果不佳，也可以按原方案执行。

3. 对比分析法

对比分析法也称为比较分析法，是指将两个或两个以上的数据进行比较，来查看不同数据之间的差异，从而了解各方面数据指标的方法。

在电商数据分析中，经常会用到对比分析法，例如，将去年的销售额同今年同期的数据进行对比，寻找各自的差异，找到问题后制定相应的策略；或者是分析竞争对手时，将自身数据与竞争对手的数据进行对比，了解双方各自的优势与劣势，进而制定相应的策略。就电商数据而言，对比分析法可分为以下几个方面。

- 不同时期的对比：对不同时期的数据可以采用同比和环比这两种对比分析方法，如将本店铺本月的销售额与上个月的销售额进行对比，就能清楚地发现本月销售额的增减变化情况。

- 与竞争对手的对比：通过自身数据与竞争对手数据或行业数据进行对比，能直观地了解自身出现的问题，找出差距与不足。例如，对比发现自己店铺成交转化率比竞争对手要低很多，可以进一步分析成交转化率低的原因并进行相应的优化。
- 活动促销前后的对比：为了促进销售，提升订单转化率，店铺往往会开展各种活动，这样就需要对活动前后的各项数据指标进行对比，从而找出活动策划的优缺点，进一步提升促销活动的质量与效果。

4. 转化漏斗法

转化漏斗法是较为常见和有效的电商数据分析方法之一，主要用于衡量转化率，尤其是在电商数据分析中，无论是注册转化漏斗还是下单转化漏斗，应用都非常广泛。例如，某商品销售转化漏斗如图 7-6 所示。

在使用转化漏斗法时，需要注意以下 3 点。

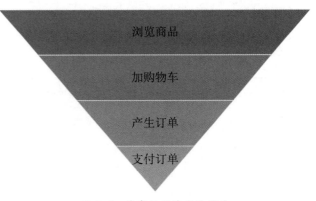

图 7-6　某商品销售转化漏斗

- 在整个店铺运营过程中，整体的转化率是多少？
- 在店铺运营过程中，每一步的转化效率是多少？
- 在店铺运营过程中，哪一步流失的转化率最多？具体原因是什么？

5. 5W2H 分析法

5W2H 分析法也称为七何分析法，即何时（When）、何地（Where）、何人（Who）、何事（What）、何因（Why）、何做（How）、何价（How much）7 个方面，如图 7-7 所示。这种方法通过主动提出问题，然后找到解决问题的线索，有针对性地分析数据，最终得出结论。

在电商数据分析中，如果找不到切入点，就可以使用 5W2H 分析法进行引导。

- 何时：购买者一般都在什么时候购物？最佳购物时间是什么时候？购物的频率是怎么样的？
- 何地：购买者主要分布在哪些地方？各级城市分布情况如何？为什么会出现这样的情况？

图 7-7　5W2H 分析法

- 何人：购买者性别比例如何？年龄分布是什么样子的？各自的工作类别及消费水平是怎么样的？
- 何事：购买者的需求是什么？商家能为他们提供什么？
- 何因：为什么会产生这样的结果？具体原因是什么？
- 何做：购买者在购物的过程中都产生了哪些行为？是习惯先加入购物车再付款还是直接下单付款？是浏览完商品后直接下单还是等打折时再购买？是习惯用花呗支付还是信用卡支付？
- 何价：购买者购买商品的价位是多少？

6. 杜邦分析法

杜邦分析法是一种用来评价店铺盈利能力和股东权益回报水平，从财务角度评价店铺绩效的方法。利用杜邦分析法，可以对店铺销售数据进行逐级拆解分析。

例如，某店铺销售额的杜邦分析法结构如图7-8所示。店铺销售额一般由访客数、客单价和转化率决定，在运用杜邦分析法时，可以将销售额拆解为访客数、客单价和转化率，逐步分解各级指标，最终找到问题所在。

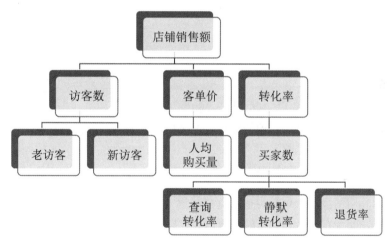

图7-8 某店铺销售额的杜邦分析法结构

商家在进行电商数据分析时，可采取一种或多种分析方法找到问题所在，并提出解决问题的思路去实践，直至解决问题为止。

7.2.3 数据分析的常用工具

数据分析是一个繁杂工作，需要经过诸如收集数据、分析数据等步骤，故需要借助一些数据分析工具。这里以淘宝、天猫店铺为例，常见的数据分析工具主要包括生意参谋、百度指数、Excel等。其中，生意参谋是数据运营中最常用的工具，以供商家获取各类重要数据。

1. 生意参谋

生意参谋是阿里巴巴商家端统一数据产品平台，上面有数据作战室、市场行情、装修分析、来源分析、竞争情报等数据产品。生意参谋免费为商家提供了自家店铺的数据，如果要看市场、竞品或是自家店铺更深层的数据，就需要订购生意参谋对应的模块。例如，某淘宝店铺生意参谋首页，可以看到当日支付金额、访客数、浏览量、支付子订单数等数据，如图7-9所示。商家可通过观测这些数据，为运营方向提供参考依据，提升店铺整体销量和利润。

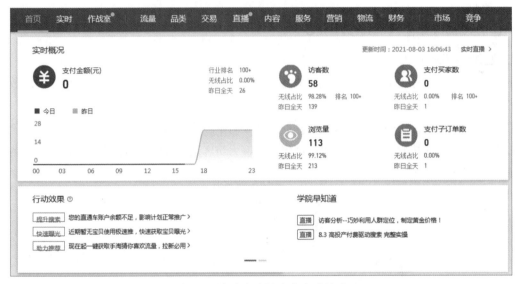

图7-9 某淘宝店铺生意参谋首页

虽然生意参谋提供的数据很多，但商家在数据分析过程中应做到有急有缓，重点关注生意参谋首页、流量看板等数据。

（1）*生意参谋首页*

生意参谋首页是商家每天必看的板块，查看的频次也是非常高的，整个首页上就是一个店铺完整的数据分析指标，能查看到店铺的实时业绩情况，图7-10所示为某店铺生意参谋首页。

图7-10 某店铺生意参谋首页

（2）*流量看板*

生意参谋一般会在每天晚上9点更新昨天的数据，运营人员则需要对店铺的各项指标进行实时监测，了解各项指标的波动情况。例如，某店铺生意参谋流量看板页面，可以清楚地看到实时访客数、浏览量等数据，如图 7-11 所示。

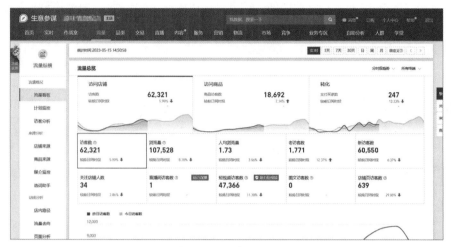

图 7-11　某店铺生意参谋流量看板页面

生意参谋中评判流量质量的重要指标包括跳出率、人均浏览量和平均停留时长。跳出率是逆指标，值越小越好；人均浏览量和平均停留时长都是正指标。

（3）**流量来源**

通过查看流量来源，可以清晰了解到商品的流量主要来源于什么渠道。例如，某商品的流量来源页面如图 7-12 所示。

流量来源排行TOP10　　无线端　店铺来源 >

排名	来源名称	访客数	操作
1	直通车	53	详情 趋势 商品效果
2	手淘搜索	14	详情 趋势 商品效果 提升搜索
3	手淘旺信	3	趋势 商品效果
4	手淘推荐	2	趋势 商品效果 助力推荐
5	淘内免费其他	2	详情 趋势 商品效果
6	我的淘宝	2	趋势 商品效果
7	手淘问大家	1	趋势 商品效果
8	手淘消息中心	1	趋势 商品效果
9	手淘其他店铺	1	详情 趋势 商品效果
10	购物车	1	趋势 商品效果

图 7-12　某商品的流量来源页面

如果一个商品的大多数流量来源于直通车，但转化率不佳，那可能是直通车推广计划不够好，进而进行优化；如果一个商品的大多数流量来源于关键词搜索，可以继续点击产品右侧的“详情”按钮，查看手淘搜索来源详情。

(4) 商品来源

通过生意参谋的商品来源，可以清晰了解到店内商品各个流量渠道的实时数据。例如，某商品的商品来源页面如图 7-13 所示。除此之外，还可以选择最近 30 天数据，通过趋势了解商品主要流量渠道的访客、收藏、加购和转化率等情况。

图 7-13　某商品的商品来源页面

生意参谋中还有很多值得关注的数据，如客单价、转化率等。商家在运营过程中，可结合实际情况去查看、分析这些数据。

2. 百度指数

百度指数是百度官方通过统计海量网民搜索关键词，进行基本的整理并将数据结果进行分享的平台。百度指数中可以调查网民的网络消费数据，为运营决策提供重要依据。

商家可以通过百度指数，了解特定关键词的搜索量和搜索趋势变化，了解当前有哪些热搜词汇，从而找到网民的关注热点，或者搜索某个关键词的人群画像，这些数据能够有效地帮助商家进行调研、策划等运营工作。

3. Excel

Excel 是微软公司开发的一款电子表格软件，常被用于初级的数据分析和处理。Excel 数据分析工具是应用较广泛的分析工具，具有强大的数据分析、统计功能，直观的数据图表展示，良好的兼容性，以使用门槛低、上手快、用户体验佳等特点成为大众首选的数据分析办公软件。

在数据分析过程中，生意参谋和百度指数主要用于收集数据，而 Excel 常用于分析数据。例如，在挑选关键词时，一般将收集到的数据自行添加到 Excel 中，经过整合、处理，让数据以更清晰、更直观的形式进行展现，如柱状图、散点图等。

4. 数据小插件

功能与数据比较全面的工具通常都要付费才能使用，其费用对于新手商家而言可能较难负担。针对这种情况，各种数据小插件应运而生，例如，淘宝数据分析工具——店侦探，它可以免费为淘宝商家提供在线查询工具，全方位剖析店铺运营的瓶颈，掌控竞争对手店铺的实时销售数据。店侦探中有很多功能都是免费的，并且可以直接安装到浏览器的插件中使用。

7.3 电商数据分析的重要指标

随着电子商务的快速发展，电商涉及的数据越来越多，打好电商基本功就变得越来越重要。熟练掌握电商常用的基础知识，不仅可以帮助电商商家了解电商的底层逻辑，也可以帮助他们更深刻地认识到访客成本的重要性，还可以帮助他们了解竞争中手淘展现权重的分析方法，从而更清晰地掌握推广中的投产比及利润的测算方法。

电商数据分析的指标种类繁多，如流量类指标、商品类指标及转化类指标等。但在实际应用中，需要重点关注的3个指标分别是流量、转化率及销售额。

7.3.1 流量

流量和转化率直接影响店铺利润，只有在流量多、转化率高的前提下，成交额才会多。所以，商家要实时通过数据分析工具（如生意参谋）来查看店内流量数据、转化率数据，找到运营中存在的问题并及时调整。

1. 流量概况

很多商家都有这样的疑问：为什么我的流量有所下降？是在什么地方下降的？下降了又该怎么办？这些问题，都可以通过生意参谋的流量概况来分析。打开生意参谋的流量概况，可以看到电脑端和手机端的时、日、周、月等数据统计。

商家可以根据此板块的流量信息，直接对比同行的访客数、浏览量、跳失率、人均浏览量、平均停留时间等，发现自己有所欠缺的地方，及时作出调整策略。

2. 来源分析

如果商家不知道店内流量是从哪些页面进来的，可以在生意参谋的来源分析中查看。在来源分析中，可以看到店铺的流量构成、与竞店对比数据等。如果发现自己的流量与同行相差过多，应及时调整策略。例如，某店铺的付费流量与同行相比过低，则应考虑投放直通车、超级推荐等计划；如果某店铺的免费流量与同行相比过低，则应考虑优化商品关键词、主图等内容。

3. 动线分析

通过生意参谋流量板块，可以看到动线分析页面。通过动线分析，可以查看店铺流量在店内的流转路径、流量从店铺出去后的去向。

流量动线分析包括店内路径、流量去向、页面分析及页面配置3个方面。

- 店内路径：可以查看访客进入店铺后，在不同店铺页面之间的流转关系。通过该板块的内容，有助于商家查看店内单页面流量，知道活动页面的冷热度，从而调整活动力度。
- 流量去向：让商家从出口页面来解决无转化、跳失率过高的问题。该板块方便商家了解访客的去向，从而找到访客离开店铺的原因，进行调整。
- 页面分析及页面配置：通过页面分析及页面配置，可以看到店铺电脑端和移动端的装修概况。商家可以根据每个页面模块的点击量，进行有针对性的调整。例如，手机端首页的页面点击量少，可以加强首页引流。同时，该模块的流量数据也是测试美工的有效手段之一。例如，美工近日调整首页布局，流量有所提升，说明此次美工调整是成功的。

7.3.2 转化率

无论通过什么引流方法，在将访客吸引进店后，还需要将这些访客逐一转化为精准客户。转化率越高，销售额也就越高。如果访客进店后却没有购买，就可以说转化失败了。特别是在付费推广时，无论哪种付费推广模式都需要支付一定的费用，相当于用钱去把访客吸引进店，但访客进店又不转化，那这个钱就是白花了。

商家的最终目的是提升销售额，提升利润。如果仅仅靠推广把访客吸引进店，但因为转化率不高导致销售额不高，那利润也是无法提高的。例如，某产品的访客数为 5000 人，转化率为 3%，客单价为 200 元，那么该产品的销售额为：

$$销售额 = 5000 \times 3\% \times 200 = 30000（元）$$

假设访客数增长至 10000 人，转化率降低至 1%，客单价保持 200 元，那么该产品的销售额为：

$$销售额 = 10000 \times 1\% \times 200 = 20000（元）$$

由此可见，如果商家仅仅是靠推广来提升访客数，但不管转化率，那最终的销售额是无法得到提升的。而且增加推广力度还会导致花费更多推广费用，缩减利润。所以，转化率是决定店铺长期生存的重要因素，要多关注店内转化类指标，如静默转化率、询单转化率和付费流量的转化率等。

1. 静默转化率

静默转化，指消费者没有通过询问客服，进入商品详情页浏览后就直接下单购买的行为。静默转化率是在一定时间内，静默成交用户数与总访客数的比重，其计算公式为：

静默转化率 = 静默成交人数 ÷ 总访客数

影响静默转化率的主要因素如图 7-14 所示。

- 商品关键词：找准关键词，提高商品被搜索到的概率，提高商品曝光率，获得更多流量。所以，商家在找关键词时，要通过生意参谋、直通车等工具，多多筛选、对比出容易被搜索到的关键词。

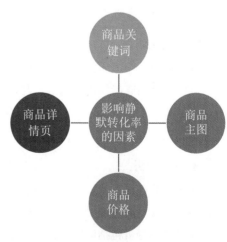

图 7-14 影响静默转化率的因素

- 商品主图：客户在搜索商品关键词的结果中，最为关心商品的主图。优质的主图能够吸引客户点击访问，提升商品成交转化率。
- 商品价格：价格也是影响成交转化的重要因素，商品的价格不能设置得过高，让客户望而却步；也不能设置得过低，让客户怀疑商品的质量。
- 商品详情页：客户在下单之前，习惯浏览商品详情页来了解商品属性。因此，在商品详情页中要按照客户的浏览习惯来设计好排版布局，引导客户下单。

优化静默转化率除以上几个要点外，还需要注意访客来源渠道。因为不同渠道的访客，其精准情况存在差异，转化率自然也存在差异。例如，通过关键词搜索进店的访客，有关键词搜索在前，说明该访客对该商品有需求；而通过浏览微博信息进入店铺的访客，可能只是对商品有兴趣，但不一定有需求，转化率可能更低一些。

商家想提升访客精准度及静默转化率，需要先认识访客渠道。这里以淘宝店铺为例，常见的访客渠道如图 7-15 所示。来源于手淘搜索、直通车、购物车、我的淘宝等渠道的访客，一般对商品有一定的兴趣或需求，只要详情页内容符合消费者的需求，转化率可能很高；来源于手淘首页、淘宝直播、站外推广、淘宝客等渠道的访客，大多已经浏览过与商品相关的商品，或者是对主播本人比较感兴趣，购买欲望低，转化率可能很低。

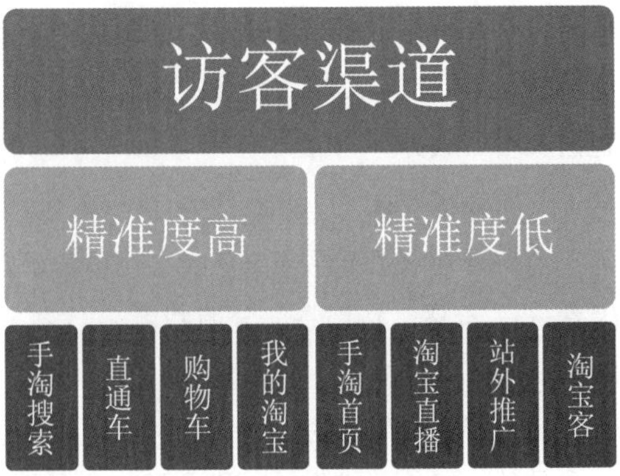

图 7-15 常见的访客渠道

所以，商家需要分清自己的访客主要来源于哪些渠道，以及这些访客的购买意向程度。如果是精准度低的流量渠道，转化率低可以理解，但如果精准度高的流量渠道转化率也低，就需要商家进一步优化。例如，某店铺想分析近期流失率高的商品，可在生意参谋的竞品识别中，查看近期流失率高的商品及访客流失后的路径。

商家查看、对比访客流失后去往的店铺、商品信息，可以进一步判定访客精准度是否够高。例如，在查看某款伞的流失情况时，发现很多访客跳转的另 5 款伞在标题中都提到了"太阳伞""遮阳""晴雨两用"等有遮阳和遮雨双功能的关键词，而自己的标题中只体现了遮雨这一功能。故应对商品关键词进行优化，加入部分可以体现伞具有遮阳功能的关键词，才能在提升访客精准度的同时提升商品转化率。

再如，客户对水杯的期望价格在 9.9~39.9 元，但自己的水杯价格为 99.9 元，则可说明这些访客更喜欢低价产品，所以对自己中等价位的水杯没有太大购买意向，因此可以说这些访客不够精准。

总体来说，商家想提升商品静默转化率，最根本的做法还是优化商品关键词、主图、价格、详情页等关键信息，以此让商品看起来更符合消费者的需求，从而提升转化率。

店铺静默转化率越高，代表客户越信任商品和商家。直接下单也能减轻客服工作量，降低店铺的付费推广成本。同时，静默转化率也从侧面说明店铺的整体水平较高。

2. 询单转化率

询单转化率，指消费者通过询问客服而产生成交转化的行为。询单转化率是在一定时间内，通过问问客服成交的用户数与总访客数的占比，其计算公式为：

$$询单转化率 = 询单转化人数 \div 总访客数$$

询单转化率既考验客服的工作专业度和工作效率，也考验店铺商品内功，如店内装修、商品文案、主图等内容。所以，影响询单转化率的不仅仅是客服环节，还有整个店铺的运营。

一方面，需要提升客服的服务质量。当消费者对商品存疑时，往往选择联系客服。客服如果能及时解决客户的问题，自然能提升询单转化率；而如果客服不能及时回复消费者的问题，或者服务态度恶劣，会降低消费者的购物欲望。故商家需要通过优化客服的服务质量，来提升询单转化率。

另一方面，优化商品详情页的内容，也能提升询单转化率。消费者在对商品的主图和价格感兴趣后，会仔细浏览商品详情页，如果详情页能展示出商品的卖点，吸引消费者下单，自然可以提升询单转化率。商品详情页所含的内容较多，优化方向重点参考商品价格、消费者评价、图片/视频/直播及售后服务等内容。

（1）**商品价格**

消费者在购买商品或服务时，影响购买决策的关键要素除了商品质量、功能等，还有一个重要因素——价格。特别是部分消费者，会将多个相似商品加入购物车，通过对比折后价格，购买价格最低的商品。

当发现一个商品的转化率低时，可以先参考访客流失去向店铺的商品价格。仔细对比自家商品与竞品的一口价、优惠券、代金券、赠品等信息，尤其是最后的折后价。如果对方的一口价略高，但最终折后价却低于己方，那就有必要重新核算价格，重新设置优惠券、抵用券，使最终折后价降到与竞品相近。如此一来，访客在进入商品详情页后，就不会因为商品价格高而流失了。

（2）**消费者评价**

消费者评价主要包括买家评论、问大家等相关信息。这些信息代表了其他消费者对该商品的评论，是影响访客转化的重要因素。同样地，商家可以通过自家商品与竞品的消费者评价信息，来判断是不是消费者评价方面存在问题。如果是，则需要进一步优化、改进。

例如，当商品差评比较多时，一方面要提升服务态度、把控商品质量；另一方面要积极在问答下面作出解释，降低访客对商品的疑虑。

评论、问大家、买家秀都是消费者高度关注的元素，商家要对比竞品进行自我分析，减少负面信息的出现。即使出现了负面信息，也要主动作出解释，尽量打消消费者的疑虑。

（3）**图片/视频/直播**

详情页的图片、视频及直播主要用于详细地介绍商品卖点，商家仍然可以通过对比竞品与自家商品的图片和视频，找出可以改进的地方。特别是部分商家的详情页增加视频，仅仅是为了获得更多权重，所选视频较为随意，导致消费者在查看视频后反而放弃下单念头。所以，商家应该重视视频，添加一些有创意的视频，为消费者下单增加助力。

(4) 售后服务

各个电商平台为了提高消费者的购物体验,推出了诸如运费险、订单险等业务,使消费者的整个购物过程更有保障。建议商家在不增加成本或增加小成本的情况下,添加更多商品服务,刺激消费者下单。

优化询单转化率主要包括优化客服服务及优化商品详情页。无论是优化哪方面的内容,都是一个循序渐进的过程,需要商家经过多方对比、分析,才能达到一定的效果。

3. 付费流量的转化率

付费流量的转化率是指通过付费渠道产生成交转化的客户数与总访客数的占比,其计算公式为:

付费流量的转化率 = 付费流量成交数 ÷ 总访客数

商家想提升付费流量的转化率,可以从以下几个方面进行优化,如图7-16所示。

图7-16 影响付费流量转化率的因素

- 优化商品关键词:特别是直通车等工具以关键词付费推广,客户的搜索也围绕关键词开展。所以,关键词决定了付费推广搜索的流量、排名和权重。优化商品关键词,让商品获得更好的排名,提升付费流量的转化率。
- 主图与商品的契合度:决定客户是否点击商品的重要因素是商品主图,但如果客户点击主图进入详情页发现主图与详情页描述不符,也会跳失。如主图显示某款帽子原价199元,现在活动价只要129元,但当客户点击进入详情页发现该款帽子价格依然是199元,客户很可能就跳失了。
- 优化营销活动创意:由于市场中的各种促销活动轮番上阵,所以客户可能对营销活动有些麻木了。想要引发客户的购买欲望,需要从创意方面入手,如短视频、直播、软文营销等,来促进转化。

付费引流是与其他店铺竞争的手段之一,即使店铺在同行的排名较靠后,仍然能够凭借良好的运营策划让商品获得更多的展现量,吸引更多的潜在客户进店访问。

7.3.3 销售额

销售额是指用户下单的金额,而客单价是下单金额和下单用户数的比值。销售额的计算公式为:

销售额 = 流量 × 点击率 × 转化率 × 客单价

从销售额的计算公式中可以看出,影响销售额的因素很多,包括流量、点击率、转化率、客单价等。这些数据与销售额的关系如下。

- 流量:付费推行、标题优化、参与活动是可以协助提升商品展现量的;多产品、多渠道布局也是可以协助提升商品展现量的。在其他维度不变的情况下,提升展现量必定可以提升销售额。

- 点击率：影响点击率的因素包括商品图片、价格等，有效提升商品的点击率，更能提升商品的销售额。
- 转化率：影响商品转化率的因素也很多，如商品价格、详情页、主播介绍等，有效提升商品的转化率，必然可以提升店内销售额。
- 客单价：相关引荐、营销活动、客服引荐、SKU的组合都是影响客单价的关键因素。提升客单价，可以有效提升销售额。

由于提升流量、点击率、转化率等数据的内容在前文讲过，所以这里主要讲讲如何通过提升客单价来提升销售额。

客单价指的是每一个客户在一定周期内，平均购买商品的金额。影响客单价的因素不仅仅是市场商品价格，还有人均购买笔数。店内商品的客单价越高，则店铺销售额越高。

客单价的计算公式为：

客单价＝成交金额÷成交人数＝商品平均单价×每位客户平均购买商品的个数

提升客单价的方法很多，具体的还是根据商家的营销策略来制定。如图7-17所示，常见的提升客单价的方法包括5种。

图7-17 提升客单价的方法

1. 价格吸引

价格吸引是最直观，也最常见的提升客单价的方法，在电商中应用很广。例如，促销活动中常见的买满赠、买满减等。通过多买多送的方式，刺激客户购买多件。

2. 提供附加价值

很多网上购物的客户，对服务或商品存疑，迟迟不敢下单。针对客户的这种疑虑，商家应主动提供附加价值，例如，赠送运费险。特别是家电类目，需要安装测试，很多客户认为网上购物不方便、不安全。商家如果主动提出店内购满多少金额，主城区可送货上门、包安装，在一定程度上消除客户的疑虑，客户更可能下单。

3. 套餐法

套餐法是将互补商品、关联商品，通过组合搭配的方式进行销售。这种定价方法有利于提高商品销量、增加信誉度和曝光率并且节省邮费。特别是零食类目，把多种零食做成礼包的形式售卖，既能增加商品曝光率，又能提升销量、客单价。

4. 关联销售

关联销售既能帮助客户消除搭配烦恼、提高客户体验，还能提升店铺客单价。特别是服装类目商品，把衣服和裤子相关联、衣服和鞋帽相关联等。

5. 客服推荐

客服对于提升客单价有着重要作用。例如，当客户咨询一件婴儿棉衣时，客服在回答问题的同时，要恰合时宜地向客户推荐更多店内商品。如店内活动、搭配套餐等优惠信息，或者根据客户的需求给出搭配建议等。通过不令人反感的话术，让客户多买商品，从而提升客单价。

课堂实训

任务 分析电商数据

任务描述

晓湘在朋友们的帮助下入股了一家专做场景布置的电商公司，作为一名职场新人，在市场部人员的带领下进行了一次电商数据分析相关的培训。

在培训中，晓湘对自己即将开展的工作感到十分憧憬，并且干劲十足，但是由于她对整个市场流程不熟悉，存在很多担忧。所以本次任务，我们来帮助她学会分析电商数据，让她对店铺的整体运营流程有一个方向把控。

任务目标

1. 学生能够借助平台学会查看电商数据情况。
2. 学生能够尝试分析电商数据。

任务实施

根据一家网店近 12 个月的商品销售数据趋势图，让学生尝试找出图片包含的数据指标，并简单分析图中数据反映的情况。（设计分析表格让学生填写，如表 7-5 所示）

表 7-5 分析表格

用户ID	购买行为ID	商品大类	商品小类	购买数量	购买时间	受众人群	年龄

项目评价

【项目评价表 1——技能点评价】

序号	技能点	达标要求	学生自评		教师评价	
			达标	未达标	达标	未达标
1	完成老师给的表格内容	学生能够根据提供的场景布置采购趋势图并分析图中数据				
2	完成老师给的表格内容	学生能够根据提供的场景布置近半年移动端的相关数据,并运用计算公式计算出销售额				
3	完成老师给的表格内容	学生能够通过观察案例截图填写数据采集表				

【项目评价表 2——素质点评价】

序号	素质点	达标要求	学生自评		教师评价	
			达标	未达标	达标	未达标
1	敏锐的洞察力	(1)具备敏锐的洞察力 (2)善于搜集有用的资讯和好的思路想法				
2	良好的分析能力和归纳总结能力	(1)具备较强的分析总结能力 (2)逻辑思维能力强,善于分析相关资料并归纳总结				
3	独立思考能力和创新能力	(1)遇到问题善于思考 (2)具有解决问题和创造新事物的意识 (3)善于提出新观点、新方法				

思政园地

淘宝:2020 年"双 11"销售额数据再创新高

每年的"双 11"不仅是消费者拼手速,更是各大品牌的大考,老对手谁能占据上风,有哪些新品牌涌现,一向备受市场关注。

天猫方面,从 11 月 1 日到 11 日 0 点 35 分,有 342 个品牌成交额突破 1 亿元。迈入天猫"双 11""亿元俱乐部"的品牌包括苹果、欧莱雅、海尔、雅诗兰黛、耐克、华为、美的、兰蔻、小米、阿迪达斯等,其中苹果、华为、美的、海尔等 13 个品牌成交额已突破 10 亿元。

据介绍,2019 年天猫"双 11",共有 299 个品牌成交额突破 1 亿元。2020 年 11 月 11 日,超过 25 万个品牌、500 万商家的 1600 万款产品参与打折活动,折扣产品数量创下历史纪录。可以预见,未来天猫"双 11"将有更多品牌参加"亿元俱乐部"。

直播方面，11 月 11 日清晨，淘宝直播带货实时排行榜显示，海尔官方旗舰店、华为终端、小米官方旗舰店、格力电器、雅诗兰黛旗舰店排在前五。

案例启示

当今时代，消费者比以往拥有了更多选择和控制权，选择过多从而导致更高的期待。作为店铺，需要更快速地提升竞争力来跟上加速增长的期待值，因此通过数据掌握消费者偏好和厌恶的信息，并在产品开发过程中利用这些知识，是创造出消费者喜爱的产品的关键。

店铺的可持续性取决于它的库存管理有多好。知道产品在什么位置、最合理的补货时间是什么时候，将为你省去许多麻烦。这样电商数据分析就可以帮你预测和计划未来的库存，降低卖不出去货而导致的损失。

请针对上面的案例思考以下问题。

临近"双 11"时，各大电商渠道的股价不谋而合呈现了"打折"，这种营销方式在数据分析中又会有哪些变化呢？

课后习题

一、单选题

1. 如果选定的行业处于成熟爆发期，中小电商企业想在此行业中谋求生存，则需要（　　）。
   A. 不计成本，加大投入，迅速占领市场
   B. 对该行业进行细分，以差异化的产品和服务抢占细分领域的市场份额
   C. 迅速退出该行业
   D. 保持观望状态，等待行业巨头进入衰退期再进入

2. 电子商务数据根据来源与性质不同，大致可以分为市场数据、运营数据和（　　）。
   A. 产品数据　　　　B. 素材搜索　　　　C. 监测数据　　　　D. 现场采访

3. 下列采集行为属于违法行为的是（　　）。
   A. 使用生意参谋工具导出自己店铺的运营数据
   B. 使用百度指数工具获取关键词搜索指数及用户画像数据
   C. 通过技术手段进入竞争对手网站数据库获取网站流量及销售数据

D. 使用数据采集工具采集其他网站的公开数据用于数据分析

4. 运营人员准备对竞品近30天的销售趋势进行分析，以下需要采集的数据为（　　）。
   A. 竞品近30天的用户评价 B. 竞品近30天的总销量
   C. 竞品近30天的每天销量 D. 竞品近30天的访客数

5. 某淘宝网店运营人员准备对竞品近30天的销售趋势进行分析，需要用到的数据采集工具为（　　）。
   A. 卖家中心 B. 生意参谋 C. 百度指数 D. 阿里巴巴

6. 以下不属于免费流量获取渠道的是（　　）。
   A. 直接访问 B. 购物车 C. 我的淘宝 D. 超级推荐

7. 以下选项中，（　　）是转化漏斗模型的最后一个环节，它能够准确反映出店铺的整个成交转化情况。
   A. 有效入店率 B. 咨询转化率 C. 订单支付率 D. 成交转化率

二、多选题

1. 在Excel中，下列关于图表的说法正确的是（　　）。
   A. 图表中的文字可以进行格式设置
   B. 图表中的图例的颜色可以自行设置
   C. 图表中的数据轴的刻度不可以自行设置
   D. 图表中的X轴没有网格线

2. 广义上，一切围绕互联网商品进行的人工干预都叫运营，常见的电商运营类型有（　　）。
   A. 市场运营 B. 消费者运营 C. 内容运营 D. 商品运营

3. 影响转化的主要因素有（　　）。
   A. 主图 B. 详情页 C. 首页 D. 价格

4. 常见的提升客单价的销售运营方法有（　　）。
   A. 提供附加值 B. 价格吸引 C. 套餐 D. 详情页关联

三、判断题

1. 电商数据只能通过数字、文字、图表形式表现出来。（　　）
2. 电商数据在容量、种类和时效方面具有明显的特性。（　　）
3. 在电商行业中，要想提高销售额，就需要提高访客数和转化率。（　　）
4. 生意参谋与Excel的组合是网店商家最常选择的数据分析利器之一。（　　）

四、简答题

1. 电商数据分析中常用的方法有哪些？请任意列举 3 种方法进行阐述。

2. 列举几个关键的电商相关数据指标，并给出它们的计算公式。

3. 利用百度指数分析小红书平台。

项目八

其他电商平台简介

 项目导入

电商并不单指在淘宝、拼多多等平台开店营销,还有很多其他电商平台。例如,当下热门的跨境电商及新媒体电商涵盖了亚马逊、敦煌网、抖音、快手、小红书等平台。这些平台各有特点,商家想获得更多订单和销售额,应该认识更多电商平台。本项目将带领大家进入认识其他电商平台的板块,去了解什么是跨境电商及新媒体电商平台的定义、发展历程及其代表性平台。

 学习目标

知识目标

1. 学生能够描述跨境电商平台和新媒体电商平台的分类及代表企业。
2. 学生能够说出我国跨境电商的现状。
3. 学生能够举例说明跨境电商平台的上架流程。
4. 学生能够举例说明新媒体电商平台。
5. 学生能够说出新媒体电商的特点。

能力目标

1. 学生能够快速识别跨境电商所属类别。
2. 学生能够结合产品特征和用户特征选择新媒体平台。

素质目标

1. 学生具备敏锐的洞察力。
2. 学生具备良好的分析能力和归纳总结能力。
3. 学生具备独立思考能力和创新能力。

项目八 其他电商平台简介

8.1 认识跨境电商平台

跨境电商是指分属不同关境的交易主体,通过电子商务平台达成交易、进行支付结算,并通过跨境物流送达商品、完成交易的电子商务平台和在线交易平台。

跨境电商作为一种国际贸易新业态,将传统国际贸易加以网络化、电子化,以电子技术和物流为主要手段,以商务为核心,把传统的销售、购物渠道移到网上,打破国家与地区有形无形的壁垒,因其能减少中间环节、节约成本等优势,在全世界范围内迅猛发展。

8.1.1 跨境电商的特征

跨境电子商务是基于网络发展起来的网络空间,相对于物理空间来说是一个新空间,是一个由网址和密码组成的虚拟但客观存在的世界。网络空间独特的价值标准和行为模式深刻地影响着跨境电子商务,使其不同于传统的交易方式而呈现出自己的特点。跨境电商的特征如图8-1所示,主要包括全球性、无形性、匿名性、即时性等。

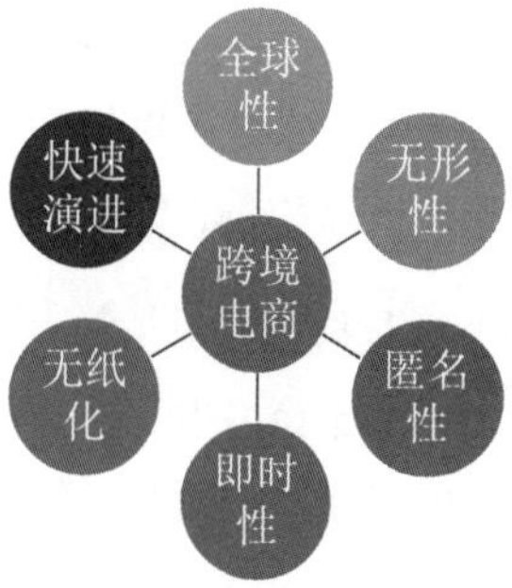

1. 全球性

网络是一个没有边界的媒介体,具有全球性和非中心化的特征。依附于网络发生的跨境电子商务也因此具有了全球性和非中心化的特性。

图 8-1 跨境电商的特征

电子商务与传统的交易方式相比,其一个重要特点在于电子商务是一种无边界交易,丧失了传统交易所具有的地理因素。互联网用户不需要考虑跨越国界就可以把产品尤其是高附加值产品和服务提交到市场。网络的全球性特征带来的积极影响是信息的最大程度的共享,消极影响是用户必须面临因文化、政治和法律的不同而产生的风险。

任何人只要具备了一定的技术手段,在任何时候、任何地方都可以让信息进入网络,相互联系进行交易。美国财政部在其财政报告中指出,对基于全球化的网络建立起来的电子商务活动进行课税是困难重重的,因为电子商务是基于虚拟的电脑空间展开的,丧失了传统交易方式下的地理因素;电子商务中的制造商容易隐匿其住所,而消费者对制造商的住所是漠不关心的。比如,一家很小的爱尔兰在线公司,通过一个可供世界各地的消费者点击观看的网页,就可以通过互联网销售其产品和服务,只要消费者接入了互联网。很难界定这一交易究竟是在哪个国家发生的。

这种远程交易的发展,给税收当局制造了许多困难。税收权力只能严格地在一国范围内实施,网络的这种特性为税务机关对超越一国的在线交易行使税收管辖权带来了困难。而且互联网有时扮演了代理中介的角色。在传统交易模式下,往往需要一个有形的销售网点的存在,例如,通过书店将书卖给读者,而在线书店可以代替书店这个销售网点直接完成整个交易。而问题是,税务当局往往要依靠这些销售网点获取税收所需要的基本信息，代扣代缴所得税等。没有这些销售网点的存在，税收权力的行使也会发生困难。

2. 无形性

网络的发展使数字化产品和服务的传输盛行。而数字化传输是通过不同类型的媒介，例如，数据、声音和图像在全球化网络环境中集中而进行的，这些媒介在网络中是以计算机数据代码的形式出现的，因而是无形的。以一个E-mail信息的传输为例，这一信息首先要被服务器分解为数以百万计的数据包，然后按照TCP/IP协议通过不同的网络路径传输到一个目的地服务器并重新组织转发给接收人，整个过程都是在网络中瞬间完成的。电子商务是数字化传输活动的一种特殊形式，其无形性的特性使得税务机关很难控制和检查销售商的交易活动，税务机关面对的交易记录都是体现为数据代码的形式，使得税务核查员无法准确地计算销售所得和利润所得，从而给税收带来困难。

数字化产品和服务基于数字传输活动的特性也必然具有无形性，传统交易以实物交易为主，而在电子商务中，无形产品却可以替代实物成为交易的对象。以书籍为例，传统的纸质书籍，其排版、印刷、销售和购买被看作是产品的生产、销售。然而在电子商务交易中，消费者只要购买网上的数据权便可以使用书中的知识和信息。而如何界定该交易的性质、如何监督、如何征税等一系列的问题却给税务和法律部门带来了新的难题。

3. 匿名性

由于跨境电子商务的非中心化和全球性的特性，因此很难识别电子商务用户的身份和其所处的地理位置。在线交易的消费者往往不显示自己的真实身份和地理位置，重要的是这丝毫不影响交易的进行，网络的匿名性也允许消费者这样做。在虚拟社会里，隐匿身份的便利随即导致自由与责任的不对称。人们在这里可以享受最大的自由，却只承担最小的责任，甚至干脆逃避责任。这显然给税务机关制造了麻烦，税务机关无法查明应当纳税的在线交易人的身份和地理位置，也就无法获知纳税人的交易情况和应纳税额，更不要说去审计核实。以eBay为例，eBay是美国的一家网上拍卖公司，允许个人和商家拍卖任何物品，到2019年为止eBay已经拥有3000万用户，每天拍卖数以万计的物品，总计营业额超过50亿美元。但是，eBay的大多数用户都没有准确地向税务机关报告他们的所得，存在大量的逃税现象，因为他们知道由于网络的匿名性，美国国内收入服务处（IRS）没有办法识别他们。

电子商务交易的匿名性导致了逃避税现象的恶化，网络的发展降低了避税成本，使电子商务避税更轻松易行。电子商务交易的匿名性使得应纳税人利用避税地联机金融机构规避税收监管成为可能。电子货币的广泛使用，以及国际互联网所提供的某些避税地联机银行对客户的"完全税收保护"，使纳税人可将其源于世界各国的投资所得直接汇入避税地联机银行，规避了应纳所得税。美国国内收入服务处（IRS）在其规模最大的一次审计调查中发现，大量的居民纳税人通过离岸避税地的金融机构隐藏了大量的应税收入。而美国政府估计大约3万亿美元的资金因受避税地联机银行的"完全税收保护"而被藏匿在避税地。

4. 即时性

对于网络而言，传输的速度和地理距离无关。传统交易模式，信息交流方式如信函、电报、传真等，在信息的发送与接收间，存在着长短不同的时间差。而电子商务中的信息交流，无论实际时空距离远近，一方发送信息与另一方接收信息几乎是同时的，就如同生活中面对面交谈。某些数字化产品（如音像制品、软件等）的交易，还可以即时清结，订货、付款、交货都可以在瞬间完成。

电子商务交易的即时性提高了人们交往和交易的效率，免去了传统交易中的中介环节，但也隐藏了法律危机。在税收领域表现为：电子商务交易的即时性往往会导致交易活动的随意性，电子商务主体的交易活动可能随时开始、随时终止、随时变动，这就使得税务机关难以掌握交易双方的具体交易情况，不仅使得税收的源泉扣缴的控管手段失灵，而且客观上促成了纳税人不遵从税法的随意性，加之税收领域现代化征管技术的严重滞后，都使依法征税变得苍白无力。

5. 无纸化

电子商务主要采取无纸化操作的方式，这是以电子商务形式进行交易的主要特征。在电子商务中，电子计算机通信记录取代了一系列的纸面交易文件。由于电子信息以比特的形式存在和传送，用户发送和接收信息的过程实现了无纸化。无纸化带来的积极影响是使信息传递摆脱了纸张的限制，但由于传统法律的许多规范是以"有纸交易"为出发点的，因此无纸化带来了一定程度上法律的混乱。

电子商务以数字合同、数字时间戳取代了传统贸易中的书面合同、结算票据，削弱了税务当局获取跨国纳税人经营状况和财务信息的能力，且电子商务所采用的其他保密措施也将增加税务机关掌握纳税人财务信息的难度。在某些交易无据可查的情形下，跨国纳税人的申报额将会大大降低，应纳税所得额和所征税款都将少于实际所达到的数量，从而引起征税国国际税收流失。例如，世界各国普遍开征的传统税种之一的印花税，其课税对象是交易各方提供的书面凭证，课税环节为各种法律合同、凭证的书立或做成，而在网络交易无纸化的情况下，物质形态的合同、凭证形式已不复存在，因而印花税的合同、凭证贴花（完成印花税的缴纳行为）便无从下手。

6. 快速演进

互联网是一个新生事物，现阶段它尚处在幼年时期，网络设施和相应的软件协议的未来发展具有很大的不确定性。但税法制定者必须考虑的问题是，网络像其他的新生儿一样，必将以前所未有的速度和无法预知的方式不断演进。基于互联网的电子商务活动也处在瞬息万变的过程中，短短的几十年中，电子交易经历了从EDI（电子数据交换）到电子商务零售业的兴起的过程，而数字化产品和服务更是花样百出，不断地改变着人类的生活。

而一般情况下，各国为维护社会的稳定，都会注意保持法律的持续性与稳定性，税收法律也不例外，这就会引起网络的超速发展与税收法律规范相对滞后的矛盾。如何将分秒都处在发展与变化中的网络交易纳入税法的规范，是税收领域的一个难题。网络的发展不断给税务机关带来新的挑战，税务政策的制定者和税法立法机关应当密切注意网络的发展，在制定税务政策和税法规范时充分考虑这一因素。

跨境电子商务具有不同于传统贸易方式的诸多特点，而传统的税法制度却是在传统的贸易方式下产生的，必然会在电子商务贸易中漏洞百出。网络深刻地影响着人类社会，也给税收法律规范带来了前所未有的冲击与挑战。

8.1.2 我国跨境电商的现状

想要做好跨境电商，需要先从实际出发，了解我国跨境电商现状。就目前而言，我国跨境电商的现状具有三大特点，如图8-2所示。

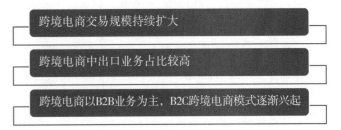

图 8-2 我国跨境电商的现状

1. 跨境电商交易规模持续扩大

当前世界贸易整体增速趋于收敛，为开拓市场、提高效益，越来越多的商家开始着力于减少流通环节、降低流通成本、拉近与国外消费者的距离，而跨境电子商务正为此提供了有利的渠道，中国跨境电商进出口总规模在近年呈现爆发增长态势。

根据网经社研究显示，2017—2021年，我国跨境电商市场规模从8.06万亿元增长至14.20万亿元，年复合增长率超15%，跨境电商行业渗透率从2017年的29.14%逐年提高，增长至2021年的36.32%。

随着国家跨境电商利好政策的先后出台、行业参与者的积极推动和行业产业链的逐渐完善，以及"新消费"观念和消费升级潮流的冲击，商品质量更有保障的跨境电商市场交易规模将保持快速增长，未来市场有望得到进一步扩大。

2. 跨境电商中出口业务占比较高

目前，我国跨境电商以出口业务为主。根据网经社电子商务研究中心编制的《2022年（上）中国跨境电商市场数据报告》显示，2022年上半年中国跨境电商的进出口结构中，出口占比达到77.47%。

近年来，在政策期许下，"电商渗透率提升+传统外贸转型加速"驱动跨境电商爆发性增长。外贸景气度下滑，越来越多的商家寻找新型渠道，外贸渠道的持续转型，为跨境电商发展提供了持续增长动力。随着政策、资本的进入，以及市场增速，我国的出口跨境电商业务也进入了发展的黄金期。出口跨境电商能够改革供应链效率，并持续保持高增长，符合"互联网+"及"中国制造"的国家战略方向。

3. 跨境电商以B2B业务为主，B2C跨境电商模式逐渐兴起

跨境电商模式包括B2B、B2C及C2C等模式。其中，B2B模式的业务发展时间较久，交易量级较大且订单较为稳定，所以预计未来跨境电商交易中B2B交易仍然是主流。但随着订单的碎片化及中后端供应链的建立，国内跨境电商将商品直接卖给终端消费者将成为趋势，跨境电商B2C模式交易规模近年来呈现出迅猛的增长势头，占比持续提升，由2018年的17%持续提升至2022年上半年的24%。未来，跨境电商行业将呈现B2B和B2C协同发展的新业态。

8.1.3 我国跨境电商支付业务管理缺陷及操作瓶颈

虽然跨境电子商务及支付业务的迅猛发展给企业带来了巨大的利润空间，但是如果管理不当也可能给企业带来巨大的风险。下面详细为大家分析一下我国跨境电商支付业务及其管理缺陷和操作瓶颈。

1. 管理缺陷

我国跨境电子商务与支付业务的管理缺陷主要体现在政策方面，分别是电子商务交易归属管理问题、交易主体市场准入问题，以及支付机构外汇管理与监管职责问题。

（1）*电子商务交易归属管理问题*

从电子商务交易形式上分析，纯粹的电子交易在很大程度上属于服务贸易范畴，国际普遍认可归入《服务贸易总协定》（GATS）的规则中按服务贸易进行管理。对于只是通过电子商务方式完成订购、签约等，但要通过传统的运输方式运送至购买人所在地，则归入货物贸易范畴，属于《关税与贸易总协定》（GATT）的管理范畴。此外，对于特殊的电子商务种类，既非明显的服务贸易也非明显的货物贸易，如通过电子商务手段提供电子类产品（如文化、软件、娱乐产品等），国际上对此类电子商务交易归属服务贸易或货物贸易仍存在较大分歧。因我国尚未出台《服务贸易外汇管理办法》及跨境电子商务外汇管理法规，对电子商务涉及的外汇交易归属管理范畴更难以把握。

（2）*交易主体市场准入问题*

跨境电子商务及支付业务能够突破时空限制，将商务辐射到世界的每个角落，使经济金融信息和资金链日益集中在数据平台。一旦交易主体缺乏足够的资金实力或出现违规经营、信用危机、系统故障、信息泄露等问题，便会引发客户外汇资金风险。因此，对跨境电子商务及支付业务参与主体进行市场准入规范管理极其重要与迫切。

（3）*支付机构外汇管理与监管职责问题*

另外，我国跨境电商还面临支付机构外汇管理与监管职责问题。首先，支付机构在跨境外汇收支管理中承担了部分外汇政策执行及管理职责，其与外汇指定银行类似，既是外汇管理政策的执行者，又是外汇管理政策的监督者；其次，支付机构主要为电子商务交易主体提供货币资金支付清算服务，属于支付清算组织的一种，又不同于金融机构。如何对此类非金融机构所提供的跨境外汇收支服务进行管理与职能定位，急需外汇管理局在法规中加以明确，制度上规范操作。

2. 操作瓶颈

我国跨境电商支付在操作方面，还面临一些瓶颈，如交易真实性难以审核、国际收支申报存在困难和外汇备付金账户管理缺失等，如图8-3所示。

（1）*交易真实性难以审核*

电子商务的虚拟性，直接导致外汇监管部门

图8-3　我国跨境电商支付的操作瓶颈

对跨境电子商务交易的真实性、支付资金的合法性难以审核，为境内外异常资金通过跨境电子商务办理收支提供了途径。

（2）国际收支申报存在困难

一方面，通过电子支付平台，境内外电商的银行账户并不直接发生跨境资金流动，且支付平台完成实质交易资金清算常需要 7 至 10 天，因此由交易主体办理对外收付款申报的规定较难实施。另一方面，不同的交易方式对国际收支申报主体也会产生一定的影响。如代理购汇支付方式实际购汇人为交易主体，应由交易主体进行国际收支申报，但依前所述较难实施；线下统一购汇支付方式实际购汇人为支付机构，可以支付机构为主体进行国际收支申报，但此种申报方式难以体现每笔交易的资金实质，增加外汇监管难度。

（3）外汇备付金账户管理缺失

随着跨境电子商务的发展，外汇备付金管理问题日益突显，而国内当前对外汇备付金管理仍未有明确规定，如外汇备付金是归属经常项目范畴或资本项目范畴（按贸易信贷管理）；外汇备付金账户开立、收支范围、收支数据报送；同一机构本外币备付金是否可以轧差结算等无统一管理标准，易使外汇备付金游离于外汇监管体系外。

8.1.4 跨境电商的分类及代表企业

按照产业模式和交易对象，跨境电商出口平台分为B2B平台、B2C平台、C2C平台三大类型，如图 8-4 所示。其中，最具代表性的网站有阿里巴巴国际站、全球速卖通、亚马逊、eBay、兰亭集势、敦煌网等国内外知名电子商务平台。

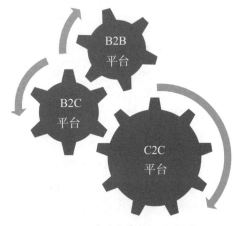

1. B2B平台

B2B平台主要是面向国内外会员搭建的网络销售平台，帮助生产商/供应商、采购商和合作伙伴传递商品或服务信息。这类平台通常通过搜索和广告等附加服务帮助买卖双方完成交易。平台通过收取会员费、认证费、营销推广费等方式获取收益。

图 8-4　跨境电商的三大类型

B2B是交易量最大的交易平台，该模式的代表性平台主要包括阿里巴巴国际站、环球资源等，如图 8-5 所示。

- 阿里巴巴国际站：阿里巴巴的第一个网站，国内最早的B2B跨境电商出口平台，是众多外贸企业拓展海外市场的首选外贸平台。
- 环球资源：是业内领先的多渠道B2B媒体公司，通过环球资源网站等资源提供B2B综合推广服务，

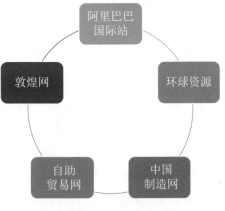

图 8-5　B2B平台

包括提供全面的B2B出口推广服务，为电子行业提供从设计到出口的一站式服务。
- 中国制造网：创建于1998年，汇集中国企业产品，面向全球采购商，专注于出口推广。
- 自助贸易网：前身为中华商贸网，具有个性化的自助建站功能，独立域名的服务网站，可以即时将企业资料提交到全球主要搜索引擎等个性化的技术服务是其一大特色。
- 敦煌网：全球优质的在线外贸交易平台之一，可以为中小型企业提供一系列的金融服务。

此外，跨境贸易B2B平台还包括ECVV（全球首家按效果付费的B2B电子商务网站）、易唐网（综合性B2B跨境电子商务企业，交易模式如同B2C）、万国商业网（拥有全球最多的地方贸易站）、亚洲产品网（为亚洲的国际贸易出口产品提供整合性的解决方案）、速贸天下（提供B2B2C服务，是中国交易速度最快的外贸电子在线交易平台）等。

2. B2C平台

B2C平台分为独立B2C平台和自营B2C平台，两种平台的特点及代表性企业如图8-6所示。

独立B2C平台一般不参与支付、物流等交易，具有门槛低、周期短、支付方式灵活、利润高等特点。独立B2C平台包括全球速卖通、亚马逊、Wish等

自营B2C平台通常会创建自己的B2C商城，并建立自己的物流、支付和客户服务体系。自营B2C平台主要利润来源是销售收入，这与京东商城、当当网等国内自营电子商务企业有些相似，如常见的兰亭集势、易宝（DX）等

图8-6　B2C平台

- 全球速卖通：阿里巴巴旗下唯一面向全球市场打造的集订单、支付、物流于一体的外贸在线交易平台，是全球第三大英文在线购物网站。
- 亚马逊：美国最大的电子商务公司，也是最早经营电子商务的公司之一，已成为全球商品品种最多的网上零售商。
- Wish：北美地区最大的移动跨境购物平台，95%的订单量来自移动端，60%~70%的商家来自中国。
- 兰亭集势：整合了外贸跨境电商供应链服务的在线B2C平台，旗下包括婚纱礼服、小额批发、手机数码等相关子网站。以欧洲和北美为主要市场。
- 易宝（DX）：主营3C产品，定位于俄罗斯、巴西、以色列等新兴市场。在营销模式上，DX主打的是"论坛营销"，即通过大量的论坛合作，把商品的信息整合推广到各个区域的市场，来提高用户的黏性。在物流方面，DX凭借"全网最低价+2公斤以下电子产品+国际小包免运费"的模式，吸引了很多对价格比较敏感的客户。

3. C2C平台

C2C平台向所有个人开放注册，向商家收取商品的展示费和交易服务费，平台提供支付保障，一般不参与洽谈和物流等交易环节。它的特点是商品种类繁多、门槛低、利润较高。常见的C2C平台包括eBay、Etsy等。

- **eBay**：是一个可让全球用户买卖物品的线上拍卖及购物网站，目前已发展成为全球最大的网络零售市场，eBay全球交易中有约20%的商品交易属于跨境贸易，交易使用PayPal进行支付。
- **Etsy**：是一个在线销售手工艺品的社交性跨境电商网站，被认为是复古和创意电商，网站上凝聚了一批富有影响力和号召力的手工艺术品设计师。每个人都可以在Etsy上开店，销售自己的手工艺品，模式类似eBay和淘宝，2015年3月在美国上市。

商家可以结合实际情况及产品特征等，选择适合自己的跨境电商平台来经营，从而提升产品销量和销售额。

8.2 认识新媒体电商平台

"新媒体"（New Media）是传播媒介的一个专有术语。目前，对新媒体的定义主要包括狭义和广义两个方面。狭义上，新媒体是继报纸、广播、电视等传统媒体之后发展起来的一种新的媒体形态，如常见的网络媒体、手机媒体、数字电视等。狭义上的新媒体也是相对传统媒体而言的定义。广义上，新媒体是指利用数字技术，通过计算机网络、电脑、手机、数字电视机等终端，向用户提供信息和服务的传播形态。大家也可以通过4个层面来理解新媒体，如图8-7所示。

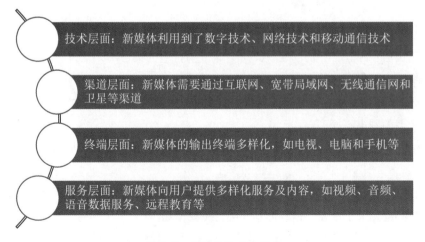

图8-7　新媒体的4个层面

相比传统媒体而言，新媒体更偏重为用户提供个性化的服务。在注重个性化的同时，它也为信息传播者和受众提供了一个可以交流的平台。例如，信息传播者通过微信、抖音等平台不仅能发布消息，还能拉近与平台其他用户的交流。

8.2.1 新媒体电商平台的发展历程

电商新媒体是从传统电商中衍生而出的新型电商形式。从字面意思上理解便可知，电商新媒体即电商+新媒体，采用传统电商与新媒体相结合的方式进行商品的展示和变现。例如，微博、短视频直播、小红书等，通过在这类平台上对商品进行展示，实现商品在线销售与变现。新媒体发展至今，经历了三大阶段，如图 8-8 所示。

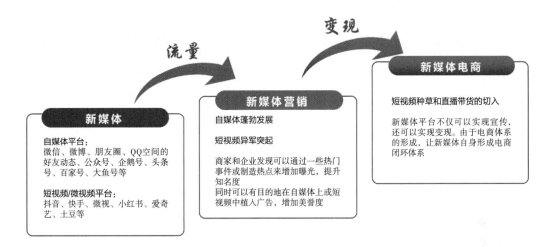

图 8-8　新媒体电商的发展阶段

伴随着自媒体的不断发展，各种形式的自媒体的诞生，使得信息的传播不再依赖于传统媒体，形成了一个以自媒体为通道的信息传播形式。这种通过自媒体通道对外界传播信息的形式叫作新媒体。新媒体其实是一个集合型的概念，在这里需要画一下重点，因为好多人不清楚为什么讲新媒体的内容，最终都会讲到自媒体上去。自媒体是新媒体营销和新媒体电商的实施工具，即新媒体的实现是通过自媒体来完成的。

随着自媒体流量的加大，新媒体宣传的商业价值得以体现，随之即诞生了新媒体营销这个概念。当新媒体营销实现了在线变现后，即形成了完整的新媒体电商路径。

随着传统的电子商务平台的发展进入疲软期，电商平台急需前端引流部分寻找各种新的突破。随着软硬件技术的发展，平台电商的购买者逐步从电脑网站上下单转向了通过手机App来实现购买，抓住手机用户变成平台电商最需要解决的问题。迫于此，电商平台不断地与周边的各种业态进行嫁接尝试。随着新媒体短视频直播的异军突起，电商和新媒体的结合成为历史的选择。

8.2.2 新媒体电商的特点

随着新媒体电商的发展，它的呈现形式逐渐多样化，其特点对于企业而言也更具营销性。新媒体的特点主要体现以下几个方面，如图 8-9 所示。

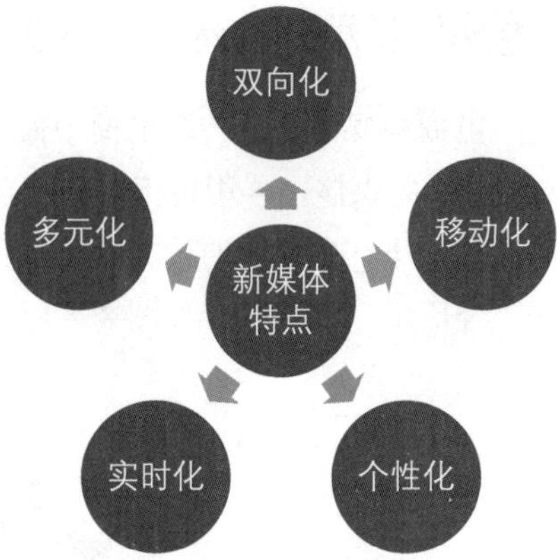

1. 双向化

新媒体的传播方式改变了传统媒体"传播者单向发布、受众被动接受"的状态，实现了传播方式双向化，让每一个信息的受众既是信息的接受者，也是信息的传播者。例如，某微博博主将从其他期刊上看到的权威知识发布在微博平台，从一个信息接收者的角色转变为信息传播者。同理，其他用户在看到该条微博信息时，也可以在评论区对内容进行补充、转发。正是这样双向化的互动，让传播效果更好。

2. 移动化

相较于传统媒体固定的接受信息方式，新媒体的接受信息真正实现了移动化。用户可以通过手机浏览网页、微博等信息，摆脱固定场所的限制。

图 8-9 新媒体的特点

3. 个性化

新媒体的传播行为也更加个性化，每一个用户都可以成为信息的发布者，表达自己的观点，传播信息。同时，相较于传统媒体的大众化，新媒体则可以做到面向细分的受众，提供个性化内容及服务。例如，10 名抖音用户在同一时段浏览短视频，其视频内容可能都不一样。

4. 实时化

在互联网发展迅猛的今天，新媒体信息传播速度远比传统媒体更迅速，甚至还能实时接收信息，并作出相应反馈。特别是一些企业在对热点信息进行剖析后，迅速发布实时内容，能快速获得粉丝关注。

5. 多元化

新媒体多样化的形式，使其内容也呈现多元化。新媒体融合文字、图片、视频于一体，丰富内容的同时，也增加了传播内容的信息量。同时，新媒体还有"易检索性"的特点，用户可在微博、抖音等平台检索感兴趣的内容。

正是因为新媒体有着双向化、移动化、个性化、实时化、多元化等特点，使其成为目前一种火热的营销方式，被广大企业和用户所青睐。

8.2.3 新媒体运营的思维

作为一个新媒体运营从业者，要想做好新媒体运营的相关工作，就要在无线互联网时代具备新媒体运营思维。新媒体运营的思维主要包括流量思维、用户思维、裂变思维和大数据思维，如图 8-10 所示。下面详细介绍这四个思维。

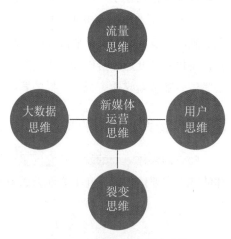

图 8-10 新媒体运营的思维

1. 流量思维

流量思维是指在价值链的各个环节中都要以"流量的多少"去解决问题。简单地讲，流量思维就是通过多种渠道获得大量用户的传播运营思维方式。在移动互联网时代，无论是线下实体店铺还是线上网店，无论是传统电商还是现在火爆的直播电商，都离不开流量。流量就是王道，有流量才会有成交。

在网络领域中，流量是指一个网站或App的浏览量或用户数量，通常按照日、周、月、年计算流量，流量越高，网站或App的价值就越高。在互联网平台发展的初期，平台有流量红利扶持，那时的流量成本相对较低，商家或个人只要抓住平台流量红利时机进行全面运营，就会获得丰厚的收益和显著的运营效果。

在新媒体运营中，只有具备了流量思维，才能重视用户的体验并提供满足用户需求的产品和服务，以吸引更多的流量。新媒体运营的最终目的是提高销售额，根据销售额的公式（销售额＝流量×点击率×转化率×客单价）可以看出，有了流量才有转化的可能，流量大、转化率高，则销售额高。而流量思维强调的是流量变现与用户黏性，因此流量思维的核心要点就是如何使流量变现。用户越精准，广告价值越大，就能为品牌带来更精准的流量价值。

2. 用户思维

用户思维，简单来说，就是站在用户角度思考，以用户为中心，为用户提供各种有针对性的产品和服务，树立"用户至上"的思维模式。作为一个合格的新媒体运营人员，必须非常了解自己的目标用户。只有准确地找到了自己的用户，并了解用户的痛点，然后做出解决用户痛点的产品和服务，满足用户的需求，让他们成为你的核心客户，才能达到运营的效果。通过用户思维，深挖背后需求，拼多多之所以能突破重围成为后起之秀的三大网购平台之一，就是因为抓住了三、四线城市用户的需求。如果你是做母婴的，你就要分析母婴店的用户的基本属性，性别、年龄、职业，以及行为特征等，然后根据这些特征得出用户的痛点，整理出用户的需求，最后通过新媒体运营来展示产品，以满足用户的这些需求。

3. 裂变思维

裂变思维就是快速获得并使资源价值迅速成功最大化的思维方法，简单来说，就是让"一个用户带来多个用户"的思维模式，这种思维可以扩大辐射面和影响力，因此裂变思维也被称为"病毒"营销思维。

在新媒体运营中，要成功进行裂变，必须具备以下两个要点。

- 让用户选择这个平台。
- 让用户主动去推荐、邀请新的用户加入这个平台。

如果平台的产品和服务能够解决用户的需求点和利益点，用户则愿意选择这个平台；如果平台给予用户的利益是长期的、持续的，并且让用户感受到平台的价值，则用户就会主动地为平台（或产品）做宣传，从而带来更多的用户。

4. 大数据思维

大数据思维是指运用大数据分析来进行决策的一种解决问题的方法和思维模式。大数据分析是一种量化分析，可以减少因决策者主观判断带来的失误。只有采用大数据思维方式、运用大数据技术改进传统的人才决策方式，才有利于实现人才决策的科学化。

在新媒体运营中，大数据的应用随处可见。比如，在撰写一篇推文之前，我们应该经过数据分析，分析用户更喜欢什么类型的文章，用户喜欢在什么时间阅读文章，能否吸引用户购买产品等。因此，只有重视数据，并进行数据分析，才能创造出更适合用户需求的产品。

大数据思维需要注意以下几点。
- 数据的获取量一定要非常大。
- 如何找出真正有用的数据。
- 对清洗后的数据进行分析。

8.2.4 新媒体电商平台

部分人对新媒体平台有误解，认为微信、抖音就是新媒体平台了。其实不然，新媒体平台数不胜数，且还在持续新增中。运营人员应该了解各个新媒体平台的形式、特点等内容，从而根据自己的产品特征，选择适合自己的平台，搭建新媒体运营矩阵。

1. 微信平台

随着微信用户数量的增长，微信营销方式也逐渐多样化起来。商家应该掌握更多微信营销方法，如目前较为火热的微信公众号营销、小程序营销及企业微信营销等。

（1）微信公众号

微信公众平台即公众号平台，它是给个人、企业和组织提供业务服务与用户管理能力的服务平台。公众号曾非常风靡，是商家的粉丝集结基地。新媒体运营者可以通过公众号把粉丝聚集起来，宣传一些有利于产品成交的内容。

许多新手运营者常常存在这样一个误区，认为公众号的主要功能就是推送图文消息，做宣传。不得不承认，利用图文消息进行推广宣传是公众号一个主要且重要的功能，但公众号还有其他功能，如自动回复、自定义菜单、留言、投票等功能也可以为营销服务。

（2）微信朋友圈

根据《中国互联网络发展状况统计报告》显示，早在 2018 年 12 月，微信朋友圈用户使用率就已达到了 83.4%。可见，微信朋友圈已经非常普及了，不少商家也看到了朋友圈强大的社交互动功能，认为在朋友圈中策划活动比较有前景。

微信朋友圈是微信众多功能中的一种，目前已经发展为用户最喜爱和最常用的一种功能。微信官方给微信朋友圈的定义为"在这里，你可以了解朋友们的生活"。通过微信朋友圈，用户可以发布图文、视频或转发信息。微信朋友圈提供即时发布图文、视频等功能。用户自主发布的图文、视频等信息，会被好友在朋友圈中看到，好友可以对之进行点赞和评论等互动操作。除图文内容外，微信用户也可在朋友圈分享歌曲、视频等内容。

除公众号文章可分享至朋友圈外，还有很多手机App也具备分享信息到朋友圈的功能，这就让朋友圈的信息来源变得非常广泛，发布过程也非常轻松，这些都成了朋友圈极其普及的原因，也使其成为新媒体运营的营地。

（3）小程序

微信2017年1月推出新功能"小程序"时，很多人对这个新功能都不了解。但是，根据移动互联网大数据平台QuestMobile数据显示，截至2021年8月，微信整体月活跃用户规模已稳定达到10亿量级，而承接服务功能的微信小程序在微信月活用户中的渗透比例已经达到84.6%，月活用户规模超过千万的小程序数量已经达到115个，说明微信小程序已经是当下顶级流量平台。

微信创始人张小龙曾这样描述小程序："不需要下载安装即可使用的应用，它实现了应用'触手可及'的梦想，用户扫一扫或搜一下即可打开应用。也体现了'用完即走'的理念，用户不用关心是否安装太多应用的问题。应用将无处不在，随时可用，但又无须安装和卸载。"简而言之，小程序是一个无须安装、用完即走的轻便App。微信已经是超级入口了，但商业是贪婪的，微信要成为事实上的OS（操作系统）。微信相当于做一个平台，把所有的App平台和商场集成到自己的平台上。所有人都可以在这制造自己的商铺、自己的官网。

（4）企业微信

在微信巨大的用户数量下，催生出了一系列可用于营销的工具。例如，可用于高效办公和管理的企业微信。根据2021年1月18日微信公开课PRO分论坛数据显示，2020年企业微信连接的微信用户数达4亿，活跃用户数超1.3亿。故而，新媒体运营者应该掌握企业微信的营销方法，高效管理内部员工的同时，维护好客户。

企业微信是腾讯微信团队为企业打造的办公管理工具，有着和微信一致的沟通体验，并与微信消息、小程序、微信支付等互通，帮助企业高效办公和管理。

早在几年前，商家的营销可能还集中在电视广告、电梯广告中，但是现在，营销方式逐渐不再受限于地点和线上，主要以用户为中心，搭建自己的私域流量池后，再为用户提供服务和产品。那如何选择搭建流量池的工具呢？首选肯定是用户数量巨大的微信，但是否使用个人微信就可以了呢？就目前而言，个人微信频繁添加好友和过度宣传的情况比比皆是，所以如果要用微信做营销，应该选择企业微信。商家通过企业微信服务的微信用户数已超过4亿，对外帮助商家获客，增长销售额；对内可以实现员工高效管理。

通过企业微信，可以把微信公众号、小程序、朋友圈及直播等玩法相结合，通过一些福利活动，完成获客、服务、转化、管理等低价高频获客的动作。以瑞幸咖啡为例，瑞幸咖啡成立于2017年10月，发展至2019年5月已经上市。瑞幸咖啡的成功，离不开企业微信。瑞幸借助企业微信，同时打造起了自己的多个社群，让App流量转向私域流量。用户在App下单后可扫描二维码添加客服企业微信号，再加入社群。新人入群或老客户邀请新人入群都可以获得折扣券，正是如此，吸引了众多老客户纷纷邀请新用户入群、下单。

2. 短视频平台

近年来，随着短视频及直播行业的蓬勃发展，延伸出了一种全新的营销模式。不少商家也确实利用短视频带货，打造出更利于消费者购物的新营销场景，从而实现更多产品营销。抖音、快手等短视频作为当今现象级的流量平台，是商家进行短视频营销的首选之地。

随着直播、短视频的火热，越来越多的用户注册了短视频账号，并通过浏览短视频下单购买商品。正因视频与商品的完美结合，让不少消费者在观看视频的娱乐过程中被内容激发需求，从而下单购买商品。也正是如此，不少商品凭借短视频成功打造成爆款，甚至达到供不应求的局面。常见的短视频平台包括抖音、快手等。

（1）抖音

2016年9月，今日头条内部孵化出了抖音短视频。根据2021年1月6日抖音发布的《2021抖音数据报告》显示，截至2021年1月5日，抖音日活跃用户数突破4亿，成为国内最大的短视频平台。

抖音用户以一、二线城市为主，推荐模式以滚动式为主，系统推什么，用户就看什么。由于抖音短视频有着市场大、用户多等优点，所以成了很多电商商家的营销阵地。很多商家在抖音发布营销视频并进行直播，其中很大一部分都取得了理想效果。

部分商家在开通抖音账号的同时，为了方便平台用户下单转化，直接在抖音也开设了抖音店铺。用户在看视频或直播时，可直接在抖音平台完成交易动作。

（2）快手

快手是由快手科技开发的一款短视频应用App，可以用照片和短视频记录生活，也可以通过直播与粉丝实时互动。根据快手科技发布的2021年第一季度业绩显示，快手中国应用程序及小程序的平均日活跃用户数达到3.792亿，同比增长26.4%，环比增长20.0%。由此可见，快手也是一个热门的直播、短视频平台。

快手的内容覆盖生活的方方面面，用户遍布全国各地。这些用户对新事物的接受度较强，是很优质的电商客户。由于用户基数大而广，吸引电商商家纷纷入驻快手，完成分享视频、直播卖货等操作。

实际上，除以上两个热门短视频平台外，还有美拍短视频、西瓜视频等平台。但无论在哪个平台上发布直播、视频内容，都应注意视频内容质量，毕竟好的内容才是吸引粉丝的关键。

3. 音频平台

音频平台是指通过网络流媒体播放、下载等方式收听的音频内容平台，如喜马拉雅FM、蜻蜓FM、荔枝FM、懒人听书等平台。根据赛立信发布的《2023：中国在线音频市场发展研究报告》显示，2022年在线音频用户规模达到6.92亿人，月活跃用户数超过3亿，随着互联网技术的日新月异，在线音频的用户增量还有挖潜的空间。为什么音频会受到广大网民的追捧？追其原因主要是音频的伴随属性。相比视频、文字等媒体，音频具有独特的伴随属性，无须占用双眼，可以利用消费者做饭、乘车、睡前等碎片化时间。

同时，很多消费者可能被各种广告信息刷屏，厌倦了文字、图片和视频广告。但在音频内容中，因为不知道广告会在什么地方出现，无法避免广告，更可能牢牢记住广告信息。也正因如此，音频具有很高的营销价值。

当然，音频营销并不一定要求新媒体运营者去录制音频内容。可以通过联系知名主播销售商品，支付佣金达成合作。例如，某经营图书类商家与情感主播合作，在主播对于情感的见解中提到某本书有一个观点很受用，并详细介绍这本书的主要内容、优惠活动及购买方式等信息，为刺激粉丝下单，主播还给出专属粉丝特权。最终，该音频节目播放量超百万次，一天内卖出近千册书籍。常见的音频运营方式还包括内容植入、品牌入驻、主播互动。

4. 其他内容运营平台

内容运营是指以内容为起点，通过内容吸引消费者，再向消费者提供商品或服务的电商模式。通过内容运营，使消费者对商品背后的品牌、故事、人物产生共鸣，得到认同，从而提高消费者的购买意愿。

以抖音、快手、小红书、知乎为代表的"种草"内容平台加速了商业化进程，不少新媒体运营者都纷纷加入了这些内容平台，在多领域和场景下介入用户日常生活和消费决策。新媒体运营者也可以通过这些内容平台发布图文、视频内容，吸引目标消费者的关注。

（1）小红书

小红书是一个生活方式平台和消费决策入口，从社区起家。根据千瓜数据独家推出的《2021小红书活跃用户画像趋势报告》来看，小红书有超1亿的月活用户。众多用户在小红书社区分享文字、图片、视频笔记，记录着美好生活。数据还显示，小红书2020年笔记发布量近3亿条，每天产生超100亿次的笔记曝光。

对于新媒体运营而言，小红书是电商+微博的内容型营销方式。只要能产出优质内容，就能带来意想不到的传播效果。小红书的内容呈现方式主要以图文及视频的笔记为主，在创建账号后即可发布笔记内容。

（2）知乎

根据知乎发布的2021年第二季度财报显示，知乎平均月活跃用户数为9430万，同比增长46.2%。正是随着知识大爆炸，大家逐渐倾向于"高质量的知识"，从而知乎等"知识分享"类的营销App越来越受用户喜欢。

另外，知乎还拥有平台的优质性。知乎在所有的新媒体平台中有着信任度高、流量优质、搜索精准等优势，所以综合考虑，知乎适合商家引流。知乎作为分享知识的问答社区，已经成为不少商家的战场。知乎平台主要有以下三个特点。

- 平台开放度高，话题多。
- 平台限制少：知乎对提问问题很少干预，自由度比较高。
- 平台日流量高：用户黏性比较好，流量也比较高。

知乎平台的用户多以年轻人和中年人为主，学历呈现中高等化，消费能力与消费频次也比较高。而且这类人群容易被权威引导或被某个话题下的高热度回答所影响，去购买暂时不需要的商品。所以对于商家而言，知乎有很大的市场潜力。

从内容角度来看，知乎作为一个分享知识的问答社区，内容载体主要以回答的文章为主。虽然也有视频，但数量较少。每个话题下的回答组成一个庞大的信息量，每刷新一次就会出现很多话题，这些话题有热门话题，也有少量冷门话题。

回答文章内容的浮现与知乎循环机制有关，循环周期大致分为1周、3周、2个月。浮现周期长短与制作内容的层级有关，高层级的浮现频率高。简单来说，就是店家回答质量和互动越高，循环次数越多。

（3）*微博*

根据微博发布的2021年第一季度业绩报告显示，微博2021年第一季度日活跃用户数已达到2.3亿。由于用户数量大，微博也成为广大自媒体和企业使用较多的营销平台。微博具有传播速度快、传播范围广的优势，这也使微博营销具有独特的优势。但不可否认的是，随着注册微博的自媒体和企业的日益增多，微博营销之间的竞争也在加剧。新媒体也可以借助微博平台，在网络市场上占有一席之地。

在微博运营初期，比较简单且实用的吸粉方法就是借势热点进行营销。微博中有一个微博热搜榜，能够实时反映微博热点内容的方向。现在，热搜榜已经成为一个高曝光流量位。其中，微博热搜榜是被高度关注的微博内容，商家完全可以利用其来吸粉、涨粉。

（4）*今日头条*

根据易观千帆的数据显示，今日头条2021年2月的信息流App月活跃人数为30131.45万，并且这个数字还在增长。今日头条通过内容来匹配粉丝推荐，根据不同人群的兴趣推荐不同的内容。这样的推荐机制，能够把商家的内容推荐给精准的目标人群，实现精准化营销。

对于新媒体运营而言，除微信、微博等营销渠道外，还可以抓住新闻客户端来做推广。新闻客户端App营销主要具有以下几个优势，如图8-11所示。

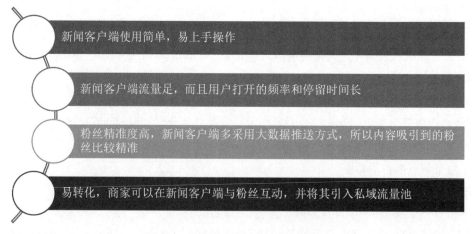

图8-11 新闻客户端App营销的优势

在众多的新闻客户端中，建议新媒体运营者使用"今日头条"做营销。头条号上目前有图文引流、视频引流、直播引流、悟空问答引流及评论引流等五种引流方式。

综上所述，常见的新媒体平台种类繁多，各个平台也有其独特的亮点。运营者可结合产品特点及目标粉丝特征等信息，选择适合自己的新媒体平台。

8.2.5 选择新媒体平台

既然新媒体平台数不胜数，那作为新媒体运营者应该如何选择适合自己的平台呢？这里列举一些当下较为热门的新媒体平台及各个平台的用户特征、优缺点、建议等，如表8-1所示。

表8-1 热门的新媒体平台

平台名称	用户特征	优点	缺点	建议
腾讯社交平台（腾讯新闻、微信朋友圈、公众号、QQ空间、腾讯视频等）	用户多、日常活跃性高、黏性大	社交应用排行较前，特别是微信、QQ覆盖面广。适合多个行业投放活动	平台多、人群广、难精准	确认自己产品的用户群，明确产品调性，定向投放到目标人群
百度平台（百度首页、百度贴吧）	用户涉及方方面面	有搜索基础、关键词定向	广告主多以搜索转化为主，需要提前作准备，如写帖子、写问答等	建议专人专职做准备工作，保障后续工作的顺利开展
微博	群体活跃、偏年轻化	投放粉丝通可以指定博文产生互动的用户群体，且投放形式包括图文、视频等多种形式	成本偏高，流量不可控	计算成本，考虑投放粉丝通广告还是找微博达人合作
今日头条	群体广泛，主要集中在二、三线城市	可关键词定向，快速锁定目标用户，实现对"对的人投放对的广告"	广告类型多，不好选择	根据产品属性调研目标人群喜欢的广告方式
抖音短视频	以一、二线城市的95后、00后为主	用户数量庞大，活动广告的曝光量也大，容易打造热门产品	投放成本偏高，对素材要求高，对行业要求限制也比较高	抖音的娱乐定位，建议投放游戏、App、电商等泛流量产品
快手	以三、四线城市的12~35岁人群为主	流量大，几乎覆盖了三、四线流量红利区域	广告审核较严格	适合餐饮、App、零售、电商等产品销售
陌陌	以80~00后年轻群体为主	日均动态、短视频数量多，内容原生、精准定向	行业限制较为明显，一些行业产品无人问津	适合App、游戏、金融、电商、美容整形等产品的活动推广
哔哩哔哩	以24岁及以下年轻用户为主	是目前最大的二次元社区，聚集了大量年轻用户	用户购物能力较弱	适合与二次元相关产品的活动推广

215

续表

平台名称	用户特征	优点	缺点	建议
知乎	以年轻化、高收入、高学历的群体为主	流量质量高，购买能力高	用户较为理性，对广告素材要求较高	适合房产家居、游戏、金融、教育培训、电商、网络服务、旅游等产品推广

另外，还需要总结几个热门平台的内容形式及平台特征，对这些平台进行初步了解。如表8-2所示，列举了当下较为热门的新媒体平台内容形式及平台特征。

表8-2 热门新媒体平台内容形式及平台特征

平台名称	平台定义	内容形式	平台特征
抖音	集音乐、创意、短视频于一体的短视频社区平台	短视频	内容领域覆盖全面，支持多种特效、贴纸等工具，内容兼具娱乐性和互动性
快手	记录和分享生活的短视频社交平台	短视频	多以生活场景化的内容连接用户，从而引发用户情感共鸣，产生浓烈的互动氛围
知乎	中文互联网高质量的问答社区	图文、短视频	集合多名原创作者及众多互联网网友提问、互动
小红书	高黏性、高互动的内容与社交平台	图文笔记、短视频	以素人创作者为主的笔记和视频分享社区，强调真实体验和经历分享，内容精致

新媒体运营者在熟悉各个平台后，再结合产品特征和用户特征来选择平台。例如，某运营者经营的产品主要目标消费者集中在年轻女性身上，而这些目标消费者平时最常出没的地方是抖音、小红书等平台，就可以先关注这两个平台。然后再根据自己所擅长的内容形式，敲定最后的平台。例如，该运营者更擅长写精美的"种草"笔记，那就可以首选小红书平台。

在选择平台时，还有一点尤为需要注意。部分运营者单枪匹马，一来就想同时攻几个平台。但其实在进入一个平台时，数据表现多数都不好，这时要做的工作很多，如熟悉平台、产出优质内容、学习同行等。一个人的精力有限，如果其中一项工作未做好，就有可能影响内容质量及所取得的效果。所以，建议大家在做好一个平台后，再考虑进入下一个平台。

课堂实训

任务 传统电商平台和新媒体电商平台的商品特征分析

📄 任务描述

小陶是电子商务专业毕业的一名大学生，也是A电商公司的一名新晋员工。因公司业务发展需要，小陶被安排到了公司新组建的新媒体部门，负责拓展公司的新媒体电商业务。

此前，小陶在学校主要接触的是以淘宝、天猫为主的传统电商平台，对于其他电商类型及其他电商平台了解不足。所以本次任务，我们来帮助小陶了解同样类目的商品在传统电商平台和新媒体电商平台上具有哪些不同的特征。

任务目标

1. 学生能够了解不同电商平台上同类商品的特征。
2. 学生可以根据不同的商品特征，将其对应到不同的电商平台上。

任务实施

步骤 1 打开淘宝平台，搜索"连衣裙"商家，然后找到相关商品，如图 8-12 所示。

步骤 2 打开抖音平台，搜索"连衣裙"商家，然后找到相关商品，如图 8-13 所示。

步骤 3 打开小红书平台，搜索"连衣裙"商家，然后找到相关商品，如图 8-14 所示。

图 8-12 淘宝平台商品搜索结果

图 8-13 抖音平台商品搜索结果

图 8-14 小红书平台商品搜索结果

步骤 4 比较相同类目下 3 个平台的商品特征有何不同，完成不同电商平台的商品特征分析，如表 8-3 所示。

表 8-3　各类零售电商平台的特征分析

平台	特征			
	价格	物流时效	厂家	售后
淘宝				
抖音				
小红书				

 项目评价

【项目评价表 1——技能点评价】

序号	技能点	达标要求	学生自评		教师评价	
			达标	未达标	达标	未达标
1	认识跨境电商平台	（1）认识多个跨境电商平台 （2）了解我国跨境电商现状				
2	认识新媒体电商平台	（1）思路清晰，阐述明确 （2）认识多个新媒体电商平台 （3）了解新媒体电商的特点				

【项目评价表 2——素质点评价】

序号	素质点	达标要求	学生自评		教师评价	
			达标	未达标	达标	未达标
1	敏锐的洞察力	（1）具备敏锐的洞察力 （2）善于搜集有用的资讯和好的思路想法				
2	良好的分析能力和归纳总结能力	（1）具备较强的分析总结能力 （2）逻辑思维能力强，善于分析相关资料并归纳总结				
3	独立思考能力和创新能力	（1）遇到问题善于思考 （2）具有解决问题和创造新事物的意识 （3）善于提出新观点、新方法				

项目 八
其他电商平台简介

 思政园地

跨境电商将成为国家实现高水平开放的重要抓手

2022年7月28日,在"潮起钱塘"第六届全球跨境电商峰会上,外经贸部原副部长、原博鳌亚洲论坛理事、秘书长、全球CEO发展大会联席主席、中国与全球化智库(CCG)主席龙永图发表视频致辞,就跨境电商的新格局和新业态分享了观点和看法。

龙永图指出,自2015年国家批准杭州建立第一个跨境电商综合试验区以来,全国的综合试验区数量已达到132个,覆盖了全国30个省、自治区、直辖市,形成了沿海内陆内外联动、东西互相促进的新格局。

伴随全球化的进一步深入,跨境电商的发展将成为国家实现高水平开放的重要抓手,在推动国内对外贸易的发展的同时,进一步促进国际合作,实现互利双赢。

基于跨境电商的新格局和新业态,龙永图进一步提出以下三点建议。

第一,充分利用跨境电商、互联网和数字贸易的优势,不断整合贸易、研发、物流、生产等各个环节,不断延伸产业链,拓展新市场;与此同时,充分利用国家对外开放的重要举措,拓展新市场,结交新朋友。

第二,充分利用跨境电商"货物贸易大发展"的趋势,推动我国国际服务贸易的发展,形成服务贸易出口的格局。"一个国家仅仅是货物贸易大国还不够,必须成为服务贸易大国,才是真正的贸易强国。"他说道。

第三,大力推行产品、品牌出海工作,利用跨境电商交货快、费用率低、交易成本低、交易时间快等优势,让国外消费者更好地认知中国制成品,特别是高技术含量、高性价比的品牌。

请针对上面的案例思考以下问题。

(1)谈谈你对"货物贸易大发展"的看法。

(2)跨境电商综合试验区对我国跨境电商发展起到了哪些促进作用?

课后习题

一、单选题

1. 拼多多是专注于（　　）拼团购物的第三方社交电商平台。
   A. B2B　　　　　B. B2C　　　　　C. B2G　　　　　D. C2M

2. 京东店庆日是（　　）。
   A. 10月10日　　B. 7月1日　　　C. 6月18日　　　D. 12月12日

3. 全球速卖通属于哪个公司旗下（　　）。
   A. 阿里巴巴　　B. 腾讯　　　　C. 京东　　　　　D. 谷歌

4. 全球商品品种最多的网上零售商是（　　）。
   A. 速卖通　　　B. eBay　　　　C. Wish　　　　　D. 亚马逊

5. 以下选项中，不属于新媒体电商的是（　　）。
   A. 腾讯直播　　B. 今日头条　　C. 武汉晚报　　　D. 抖音直播

二、多选题

1. 下列哪些属于跨境电商B2B平台（　　）。
   A. 阿里巴巴国际站　B. 中国制造网　C. 亚马逊　　　　D. Wish

2. 跨境电商的特征包括（　　）。
   A. 全球性　　　B. 无形性　　　C. 去中心化　　　D. 匿名性

3. 一个优秀的电商新媒体最重要的三点包括（　　）。
   A. 品牌定位　　B. 用户数量　　C. 变现数量、模式　D. 多样化

三、判断题

1. 垂直媒体不属于新媒体电商的范畴。（　　）
2. 新媒体用户画像可以描述用户购买行为。（　　）
3. 明确跨境电商交易的业务范畴和开放顺序利于我国外汇管理体制的发展。（　　）
4. 网络视频创意可以利用事件，不需要考虑事件性质，只要是热点就行。（　　）

四、简答题

1. 简述跨境电商的特征。

2. 简述我国跨境电商的现状。

3. 列举 5 个新媒体电商平台。